„ubuntu"

Literatur von und über Menschen,
die von der Gesellschaft zu Außenseitern
gemacht werden

im

Jetzt bin ich hier

Autoren in alphabetischer Reihenfolge:

Ruth Boketta

Maria-Jolanda Boselli

Mariam Demir

Ali Gharagozlou

Elzana Gredic

Kamber

Sasha Naydenova Kartchev

Katarina

Kocero

Gezim und Floransa Krasniqi

Marina Maggio

Anna Mwangi

Emmanuel Ndahayo

Nejad

Waheed Tajik

Herausgeberin Maria Braig

Herausgeberin: Maria Braig
Jetzt bin ich hier
Anthologie

Ubuntu | Außenseiterthemen, die alle angehen

ISBN – Print   978-3-95667-134-0   Edition BUCH[+eBook]
ISBN – eBooks 978-3-95667-135-7   ePub
                978-3-95667-136-4   mobi

Erweiterte Ausgabe © 2015 Verlag 3.0 Zsolt Majsai,
50181 Bedburg, Neusser Str. 23 | http://buch-ist-mehr.de

Sollten Sie Fragen oder Anregungen haben, können Sie gerne eine E-Mail senden an: service@verlag30.de

Alle Rechte vorbehalten, insbesondere das Recht der mechanischen, elektronischen oder fotografischen Vervielfältigung, der Einspeicherung und Verarbeitung in elektronischen Systemen, des Nachdrucks in Zeitschriften oder Zeitungen, des öffentlichen Vortrags, der Verfilmung oder Dramatisierung, der Übertragung durch Rundfunk, Fernsehen oder Video, auch einzelner Text- und Bildteile sowie der Übersetzung in andere Sprachen.

Ausschreibung & Redaktionelle Betreuung:
Maria Braig | http://www.maria-braig.de
Vorwort: Todor „Toscho" Todorovic
Coverfoto:
Amy Arduinna | amy.ardvinna@gmail.com | http://ardvinna.blogspot.fr
Covergestaltung, Satz & Layout: Attila Hirth | www.kurziv.hu
Illustration: Bernard Bieling | www.gallery-art4you.de
e-Book-Erstellung: Gerd Schulz-Pilath | datamorgana@mac.com

Printed in EU

Bibliografische Information der Deutschen Nationalbibliothek
Die Deutsche Nationalbibliothek verzeichnet diese Publikation in der Deutschen Nationalbibliografie; detaillierte bibliografische Daten sind im Internet über http://dnb.ddb.de abrufbar.

Ubuntu

Ein Anthropologe bot Kindern eines afrikanischen Stammes ein neues Spiel an. Er stellte einen Korb voller Obst in die Nähe eines Baumes und sagte ihnen, wer zuerst dort sei, gewinne die süßen Früchte. Als er das Startsignal gab, nahmen sie sich gegenseitig an den Händen und rannten alle zusammen los. Am Baum angekommen, setzten sie sich um den Korb und genossen gemeinsam ihre Leckereien. Als er sie fragte, weshalb sie so gelaufen waren, wo doch jeder und jede die Chance gehabt hätte, die Früchte für sich allein zu gewinnen, sagten sie: „Ubuntu. Wie kann eines von uns froh sein, wenn all die anderen traurig sind?"

Ubuntu in der Xhosa-Kultur bedeutet:

„Ich bin, weil wir sind".

Todor „Toscho" Todorovic
– Vorwort –

Ich bin ein D.P., eine „Displaced Person"!

So wurden nach dem 2. Weltkrieg Menschen genannt, die aus verschiedensten Gründen in Deutschland gestrandet waren und unter dem Schutz des UNHCR standen.

Das waren in erster Linie Flüchtlinge aus kommunistischen Staaten, aber auch ehemalige Kriegsgefangene, Zwangsarbeiter und Soldaten, z.B. die einer polnischen Armee, die auf Seiten der Alliierten gegen Hitlerdeutschland gekämpft hatten und, genau wie alle Anderen, nicht in ihre Heimat zurückkehren konnten, weil sie von den dortigen kommunistischen Machthabern verfolgt worden wären.

Geboren 1951 lebte ich also mit Menschen aus vielen osteuropäischen Staaten zusammen in einem sog. DP-Camp in einer ehemaligen Wehrmachtskaserne in Lingen/Ems.

Wir Kinder unterhielten uns – übrigens problemlos – in einer eigenen Mischung aus Polnisch, Russisch und Serbokroatisch. Deutsch habe ich erst später im Kindergarten und in der Schule gelernt.

In den 50er und 60er Jahren waren wir die absolute Minderheit in der deutschen Gesellschaft.

Man muss sich immer vor Augen halten: der Krieg war erst ein paar Jahre vorbei, viele unserer Lehrer und viele Väter unserer Schulfreunde waren immer noch Nazis.

Schimpfwörter wie „Knoblauchfresser" waren an der Tagesordnung.

Auch unsere Eltern hatten es nicht leicht: sie mussten eine neue Sprache lernen und konnten häufig ihre erlernten Berufe nicht ausüben. Ich kann mich z. B. an einen (jugoslawischen

Theologie-) Professor erinnern, der als Berufskraftfahrer seine Familie ernährt hat.

Diese erste Flüchtlingsgeneration hat es sicherlich nicht leicht gehabt, aber ihre Kinder haben sich vollständig integriert.

Sie sind zur Schule gegangen, haben Berufe gelernt, studiert, haben die deutsche Staatsbürgerschaft angenommen und unterscheiden sich von den Deutschen heute nur noch durch andere Religionszugehörigkeiten und so seltsamen Nachnamen wie „Todorovic" ...

Vielleicht waren es diese positiven Erfahrungen, die ich als DP hier in Deutschland gemacht habe, die mich sensibilisiert haben, als die unsäglichen Diskussionen über „Wirtschaftsflüchtlinge„ und Slogans wie „Kinder statt Inder„ aufkamen.

Vielleicht habe ich deshalb Mitleid und große Sympathien mit Menschen, die ihre Heimat, ihre Familien, ihre gewohnte Sprache und Umgebung, die alles aufgeben, um hier in Deutschland ein besseres Leben zu suchen.

Deutschland ist ein großes, ein reiches Land. Es ist nach dem 2. Weltkrieg erfolgreich wieder aufgebaut worden. Es hat Millionen von Flüchtlingen aus den ehemals deutschen Gebieten und auch aus Osteuropa erfolgreich integriert, auch die Wiedervereinigung ist eine Erfolgsgeschichte.

Wer etwas erfahren will, warum Menschen aus fremden Ländern nach Deutschland kommen und wie es ihnen hier ergeht, kann es in diesem Buch lesen.

Deswegen empfehle ich allen geneigten Lesern diese Anthologie.

Osnabrück, im März 2013
Todor Todorovic
Bandleader der Bluescompany
Gitarrenlehrer an der Musik und Kunstschule
Dozent am Institut für Musik
Träger der Osnabrücker Bürgermedaille
Kulturpreisträger des Landschaftsverbandes Osnabrück
Ex Displaced Person!

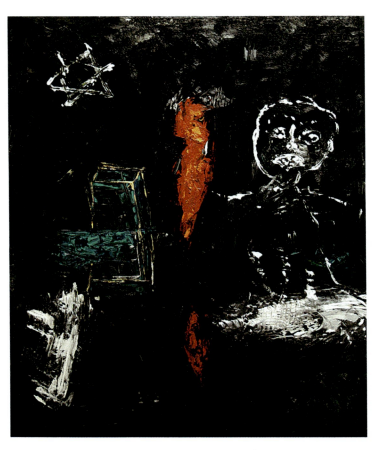

The Tower of Babylon
Acryl auf Leinwand, 100x80cm, 2006

Maria Braig
- Herausgeberin-

Zur Entstehung der Anthologie

Nicht immer läuft alles nach Plan, oder eigentlich eher selten. So war es auch hier. Ursprünglich sollte dies ein Sammelband mit Texten von Flüchtlingen werden. In der Ausschreibung hieß es:

Für einen Sammelband mit Geschichten von Refugees suchen wir schreibfreudige Frauen, Männer, Jugendliche und Kinder (auch Zeichnungen sind willkommen).

Ob Sie schon Geschichten geschrieben und vielleicht sogar veröffentlicht haben oder ob Sie es einfach einmal versuchen wollen, wir freuen uns auf jeden Beitrag. Die Texte können sich mit der Flucht, dem Asylverfahren und dem Exil beschäftigen, schön wären aber auch Geschichten aus dem alltäglichen Leben zu Hause oder einfach spannende, lustige, traurige, schöne Geschichten und Texte zu jedem beliebigen Thema.

Die Anthologie soll

- *Ihnen die Möglichkeit bieten, Ihre Texte zu veröffentlichen*
- *Den Lesern/Leserinnen den Menschen hinter dem „Flüchtling" nahebringen*
- *Refugees als aktive Menschen wie ‚Du und Ich aufzeigen' und nicht die „Opferrolle" in den Vordergrund stellen, wie die Wahrnehmung in der Öffentlichkeit oft ausschließlich ist*

Es blieb dann aber nicht bei Texten von Flüchtlingen, es kamen einige Texte von Migrant_innen und von Menschen mit dem sogenannten „Migrationshintergrund" dazu. Ich frage mich allerdings immer wieder, wen dieses unsägliche M-Wort eigentlich meint. Wann hört der Migrationshintergrund auf und wo beginnt er? Wie viele Generationen müssen es sein und wie viele Kilometer bis zur Grenze? Ist ein Bayer in Hamburg mehr Migrant, als ein Däne? Oder ist es die Berlinerin am Bodensee weniger als die Polin in Berlin? Und wenn schon hier beliebige Grenzen und Definitionen herhalten müssen, wo unterscheiden sich dann noch Flüchtlinge und Migranten_innen? Im Grunde ist die Unterscheidung hinfällig, wer Böses denkt, sieht hier einen weiteren Schritt des Auseinanderdividierens von Menschen, um die herrschenden Machtstrukturen besser aufrechterhalten zu können. Hier die Deutschen, mit ausländischen Wurzeln allerhöchstens vor drei Generationen (diese Rechnung erinnert fatal an die jüngere deutsche Vergangenheit), da die Flüchtlinge aus aller Welt, die man möglichst schnell wieder loswerden will, und dort die Migrant_innen, die man nicht mehr loswerden kann und zu allem Übel oft auch noch braucht. Aber die Grenzen sind fließend. Flüchtlinge sind auch Migrant_innen und Migrant_innen fliehen in den meisten Fällen auch vor irgendetwas. Sei es vor dem Alltag, der Arbeitslosigkeit, der Unmöglichkeit ein selbstbestimmtes Leben zu führen – es gibt unzählige solcher Gründe.

Die Geschichten, die erzählt wurden, hatten so viel Gemeinsames: Manche waren wegen des Krieges hierher gekommen, manche waren importierte Bräute, manche waren wegen der Armut hier und manche von ihnen waren hier geboren worden, lebten aber die Kultur ihrer Väter.

(aus: Selvinaz Entscheidung)

Überarbeitete Auflage 2015

Ich freue mich sehr, dass der Verlag 3.0 Zsolt Majsai es uns ermöglicht, „Jetzt bin ich hier" in erweiterter Auflage herausbringen zu können.

Es wurde einiges überarbeitet, zwei weitere Kurzgeschichten kamen hinzu und vor allem die Texte aus der Schreibwerkstatt wurden durch neue Texte, die im Lauf des Jahres 2013 entstanden und im 6. Geschichtswettbewerb „War was? Heimat im Ruhrgebiet" im Juni 2014 mit dem Sonderpreis zur Migrationsgeschichte des Ruhrgebiets ausgezeichnet worden sind, ergänzt.

Maria Braig, im Juni 2015

Why
Acryl auf Leinwand, 100x80cm, 2013

Die Herausgeberin:

Maria Braig

Ich bin 1957 im tiefen Süden der Republik geboren und über einige Zwischenstationen ungefähr 50 Jahre später im Norden, in der Friedensstadt Osnabrück, angekommen.

Nach dem Studium der brotlosen Fächer Germanistik und Kulturwissenschaft führte mein Weg über den ähnlich brotlosen Beruf der Lektorin in einem Tübinger Kleinverlag, dessen Ende sich bald abzeichnete, über eine kurze Phase der Selbständigkeit (Versandhandel von umweltfreundlichen Schul- und Büroartikeln) in eine langjährige Festanstellung als LKW-Fahrerin bei einem großen Unternehmen. Das Brot war nun gesichert und die Miete auch, aber der Geist benötigte noch andere Beschäftigung und so begann ich nebenher zu schreiben, als Lektorin an Texten zu feilen und, wie in diesem Fall, zu sammeln.

Da ich jahrelang in der Flüchtlingsarbeit tätig war, entstand der Gedanke, diese Anthologie herauszubringen.

Love me
Mixed media auf OSB-Platte, 96,3x55,5cm, 2012

Ali Gharagozlou

Brief an einen Toten

Es ist Herbst, ich schaue zum Fenster hinaus. Die gelb-orangenen Blätter bewegen sich zum Teil auf dem Boden und zum Teil in der Luft hin und her, Du kannst meinen, dass sie auf eine unhörbare Sinfonie Walzer tanzen.

Der Himmel ist grau, es muss 17 oder 18 Uhr nachmittags sein. Das Fenster ist ein wenig beschlagen, draußen ist es bestimmt recht kalt. Vielleicht sollte ich das Licht anschalten, aber ich bin irgendwie zu faul zum Aufstehen.

Es ist lange her, dass Du weg bist, mehrere Jahre. Ab und zu denke ich an Dich, wie fühlst Du Dich? Was ist aus Dir geworden? Ob die Blumen, die ich Dir gebracht habe, Dir auch gefallen oder nicht?

In der Ecke von meinem Zimmer sitzt eine Spinne, genau an einer Ecke ihres meisterhaft gebauten Netzes, in der Mitte des Netzes ist ein mittelgroßer Nachtfalter in eine seidenförmige Decke verpackt, Du könntest meinen, dass die Spinne ihn zugedeckt hat, damit er sich nicht erkältet.

Gerade wollte ich einen Schluck von meinem Kaffee trinken, aber die Tasse ist schon leer. Ich kann mich nicht daran erinnern, dass Du Kaffee trankst. Du hast am Sonntag immer Wasserpfeife geraucht, aber auch nur, wenn Deine Freunde Dich besucht hatten. Es ist verdammt lange her, die Zeit setzt sich genauso wie ein dicker Nebel auf die Erinnerungen und man vergisst Vieles! Sowohl Schönes als auch traurige und unschöne Ereignisse, vielleicht es ist besser so.

Es regnet und der Wind ist stärker geworden und der Himmel wird zunehmend grauer, ich glaube, jetzt muss ich das Licht anschalten, sonst kann ich nicht mehr meine Zeilen, die langsam in einander geraten, verfolgen.

*****

Ja, so ist besser, jetzt kann ich wieder meine Schrift erkennen.
Weißt Du? Ich habe sehr lange gebraucht, um Dir einen Brief zu schreiben, vielleicht war ich zu faul? Vielleicht habe ich Dich sehr lange vergessen gehabt?
Vielleicht habe ich das Ganze als sinnlos angesehen? Ich weiß es auch nicht, aber jetzt habe ich Lust, einfach zu schreiben.
Das letzte Mal, als ich Dich besucht habe, war ich 19 Jahre alt und jetzt bin ich fast 40.
Deine neue Wohnung schien mir sehr klein zu sein, als Du bei uns gewohnt hast, hast Du immerhin Dein eigenes Zimmer gehabt, das viel größer als Deine jetzige Wohnung war, mit vielen Büchern.
Damals, als Du uns verlassen hast, war auch ungefähr das Ende des Herbstes, alle waren traurig und ratlos, weil keiner von uns wusste, wie es weitergehen sollte. Ich glaube aber, Du hast am es schönsten gehabt, Du brauchtest Dich um nichts mehr zu kümmern, Du warst frei, genau wie die gelborangenen Blätter, die vor mir tanzen und ich fühlte mich genau wie der Nachtfalter, der im Spinnennetz festgesetzt ist.
Das Licht ist recht hell, nachdem ich heute ziemlich lang im Dunkel gesessen habe, fühle ich diese Helligkeit ganz intensiv. Bei meinem letzten Besuch kann ich mich nicht an ein Fenster in Deiner Wohnung erinnern, für Dich müsste dieses Licht bestimmt sehr, sehr stark sein.
(06.11.04 Sa auf So 0:26)

*****

Wo war ich? Ach so, ja, dann habe ich auch alles hinter mir gelassen, genauso wie Du es gemacht hast. Es war eine harte Zeit, alles neu, alles fremd, die Mutter meinte, dass ich es schaffen würde, aber in Wahrheit war sie auch verzweifelt.

Sie hatte nur Angst gehabt, dass ich zur Zielscheibe werde, sonst war diese Trennung sehr schwer für sie. Damals dachte ich, wie es wäre, wenn Du noch da wärst, vielleicht wäre es gar nicht so weit gekommen, vielleicht hätte ich jetzt ein ganz anderes Leben?

Die Spinne in der Ecke hat sich bewegt, sie ist ein paar Schritte nach vorne gelaufen, dann hat sie sich umgedreht, ein paar Sekunden stillgestanden und ist dann wieder zurück auf ihren Platz. Es regnet noch, ein wenig heftiger, aber dafür weht der Wind nicht mehr so stark. Ich muss etwas tun, aber was? Ich habe weder Lust mich zu bewegen, noch weniger Lust, hier weiter zu sitzen, ich meine bei diesem Wetter, wohin kann ich gehen? Als Jugendlicher war ich sehr glücklich wenn es regnete, das Himmelsgrau hat mich immer irgendwie gefreut und ich lief immer sehr gern durch den Regen, so lange, dass sogar meine Unterwäsche ganz nass wurde.

Du hast Dich manchmal aufgeregt und gesagt: „Was soll das Ganze? Du wirst Dir eine Lungenentzündung holen." Das war mir alles egal, ich dachte, dass Du Dich wieder beruhigst. Der Rauch meiner Zigarette hat sich gerade in meine Augen geschlichen, es brennt. Weißt Du noch, damals als die Mutter mitbekommen hat, dass ich rauche, war sie total aus dem Häuschen, sie war sehr wütend und du hast so getan, als ob Du von nichts weißt, vielleicht zum Schutz für den Respekt, den ich vor Dir hatte.

Ich versuche, dass es diesen Respekt zwischen mir und meinen Kindern auch gibt, halt mit ein wenig Unterschied und zwar einfach eine lockere Beziehung, möglichst, als wäre unser einziges Problem unser Altersunterschied, apropos Du hast doch meine Kinder gar nicht gesehen.

(So 07.11.04 20:16 Uhr)

*****

Ich habe den Faden verloren, es ist fünf Jahre her, seit ich Dir das letzte Mal hier geschrieben habe. Es war immer so, ich wollte immer gerne mit Dir reden, aber immer habe ich den Faden verloren und dann hing ein unsichtbarer Vorhang zwischen uns Zweien. Du gingst in Deinen Raum und lasest. Ich saß in meinem Zimmer und träumte weiter, mal von der hübschen Nachbarin und mal vom Leben außerhalb des Käfigs.

Weiß Du noch, als mitten in der Nacht die Luftwaffe anfing zu schießen?

Wir saßen alle nebeneinander und dachten, hoffentlich ist es bald vorbei.

Trotz der ganzen Unruhe, trotz Deines Schweigens, trotz Mutters Aufregung und trotz des gespannten Gesichts meiner Schwester fühlte ich mich irgendwie geborgen. Ob ich diese Geborgenheit auch meinen Kinder geben kann?

Am Tag, an dem Du umgezogen bist und die Bauarbeiter Deine Wohnung gerichtet haben, so schön sie konnten, damit Du Dich auch in Deinem Bett unter einer Decke aus Sand wohlfühlst, fühlte ich mich total schutzlos, wie ein Spatz der im Regen steht und keinen Unterschlupf findet. Wie jemand, der vor Gericht auf sein Urteil wartet: Freispruch oder Hinrichtung?

Es ist Jahrzehnte her, ich habe doch einen Unterschlupf gefunden, das Urteil für mich war nicht die Hinrichtung, sondern zum Weiterleben bin ich verurteilt worden.

Von der Luftwaffenstation habe ich nichts mehr gehört, den grauen Himmel habe ich auch seit ewigen Zeiten nicht mehr gesehen. Weißt Du noch, als Du mich damals zum Brot holen zur Bäckerei schicktest? Die Straßen, die in der Abenddämmerung durch das Licht der Laternen beleuchtet wurden, der Duft des frischen Fladenbrotes, die kleinen glühenden Birnen, die an den Schaufenstern der Tante-Emma-Läden hingen und in mir Lust zum Einkaufen weckten, die heimliche Raucherei, während ich durch unbeleuchtete Umwege nach Hause lief, damit mich niemand sah, der Biss ins heiße und dampfende Fladenbrot.

*****

Ja, das sind nun alles nur noch Erinnerungen, Erinnerungen, die ich zufällig in der Schatulle meines Körpers namens Hirn gefunden habe. Sie sind zum Teil verstaubt und nicht mehr identifizierbar. Aber irgendwie total vertraut.

Ich weiß es nicht, was aus der Spinne und dem Nachtfalter geworden ist.

Ich weiß es nicht, ob die Kaffeetasse, in der ich heute meinen Kaffee trinke, die gleiche Tasse wie vor fünf Jahre ist?

Ich weiß nicht mehr, wie Deine Haustür ausgesehen hat, ich weiß nicht mehr, was die Bauarbeiter nach Deinem Umzug getan haben. Ich weiß nur, dass es Herbst war und sonnig. Ich weiß nur, dass ich verdammt Angst hatte, ich weiß nur, dass meine Schwester zitterte. Ich weiß nur, dass das Gesicht der Mutter wie die Blätter, die am frühen Morgen durch den Tau überzogen sind, auch durch Tränen überzogen war und Du schliefst, es schien, dass Du kummerlos und ohne Gedanken schliefst. Es schien, dass Du träumtest.

Es schien, dass Du von einem friedlichen, Grünen Frühling träumtest. (Di.24.11.09 17:16 Uhr)

Über den Autor:

Mohammad Ali Gharagozlou

Am 05. März 1965 in Teheran/Iran geboren.

Im Jahre 1987 wegen der politischen Situation im Iran Flucht nach Deutschland.

Nach eineinhalb Jahren wurde Mohammad Ali Gharagozlou bei der ersten Anhörung für die Anerkennung des Asylantrags abgelehnt und musste noch einmal so lange auf seine zweite Anhörung warten. Dieses Mal wurde sein Asylantrag anerkannt. Seit dem Jahr 2000 besitzt Mohammad Ali Gharagozlou die deutsche Staatsbürgerschaft.

Mohammad Ali Gharagozlou ist seit 1991 mit einer deutschen Frau verheiratet und hat zwei Kinder.

Marina Maggio

Flucht zweier Frauen

Vier Uhr dreißig. Der Wecker klingelt erbarmungslos und unaufhörlich. Langsam öffnet Wilma die Augen. Schlaftrunken streckt sie ihren Arm aus, tastet mit der Hand nach dem Wecker in der Dunkelheit, orientiert sich am sich ständig wiederholenden Geräusch, das gleich einer Sirene ohrenbetäubend durchs Zimmer hallt. Endlich Stille. Wilma hat den Wecker gefunden, abgestellt. Frühschicht, denkt sie. Wieder einmal. Sie dreht sich auf den Rücken, streckt sich, strampelt die Decke weg. Am liebsten würde sie liegenbleiben. Nicht aufstehen. Die Arbeit einfach sein lassen. Aber heute ist ihr letzter Tag. Und pflichtbewusst, wie sie nun mal ist, wird sie ihrer Arbeit im Pflegeheim, getreu dem Motto, alles zum Wohle des Bewohners, nachgehen. Mit Leib und Seele ist sie Altenpflegerin. Seit mehr als 30 Jahren. Mit Hingabe und Liebe pflegt und begleitet sie „ihre" Bewohner bis zuletzt. Wilma hat keine Kinder. Hatte nie welche. Für sie sind die Bewohner des Pflegeheimes ihre Kinder. Zumindest gleichen sie Kindern. Besonders diejenigen die im Endstadium einer Demenz sind. Sie rufen nach ihrer Mutter, müssen gewaschen, gewickelt und gefüttert werden. Sind hilflos. Mit einem kräftigen Schwung setzt sich Wilma auf den Bettrand. Inzwischen ist es vier Uhr fünfundvierzig. Noch Zeit genug bis ihre Schicht anfängt. Sie erhebt sich, schlurft Richtung Bad und da erst schaltet sie das Licht ein. Sie kneift die Augen zu und öffnet sie gleich wieder. Das macht sie so lange, bis sie sich ans Licht gewöhnt haben. Sie war eine schöne Frau.

Früher. Jetzt, mit fünfzig, sieht man die Spuren ihrer Arbeit im Gesicht. Die sichtbaren Falten. Aber auch die unsichtbaren. Die seelischen. Sie spiegeln sich in ihrem müden Blick. Ob sie noch lebt, Frau Barayagwiza, die alte Dame aus Burkina Faso? Bei dem Gedanken legt Wilma ihr Nachthemd ab, steigt in die Dusche. Ein Lächeln zieht ihre hängenden Mundwinkel nach oben. Frau Barayagwiza, seufzt Wilma. Was für eine mutige und beherzte Frau. Obwohl sie seit über zehn Jahren im Pflegeheim ist, können die wenigsten ihren Namen ganz aussprechen. Vielleicht wollen sie es ja auch nicht lernen. Es ist viel leichter, jemanden ans Land anzupassen, jemanden zu normen. Die meisten nennen sie einfach nur Bawi. Das hat sich so eingebürgert. Die Gedanken verlieren sich im Wasserstrahl der Dusche. Sie schreit kurz auf, hat vergessen die Temperatur des Wassers einzustellen. Kalt ergießt sich das Wasser über ihren Körper. Jetzt ist Wilma wach. So richtig wach.

Eine Stunde später sitzt sie mit ihren Kolleginnen im Stationszimmer. Übergabe. Altenpflege ist eine Frauendomäne. Schön wäre es, wenn es mehr Kollegen geben würden, die einen unterstützen. Vier Stockwerke hat das Haus und nur zwei männliche Pfleger. Herr Schielhan hat heute die ganze Nacht geschrien und seinen Mitbewohner um den Schlaf gebracht, redet Schwester Erika daher, ohne auch nur einmal ihren Blick vom Computer zu wenden. „Frau Kirchner hatte in der Nacht Stuhlgang und das ganze Bett vollgesaut", rief Schwester Melanie durchs Zimmer. Wilma notiert es. Wie geht es Frau Barayagwiza? Wilma schaut fragend in die Runde. „Sie lebt noch", antwortet Schwester Erika. „Aber nicht mehr lange." Sie ist schon ruhiger geworden. „Wenn sie bis heute mittag durchhält, ist sie gut", zwinkert Melanie und verschluckt sich fast an ihrem Kaffee. „Die Seelsorge wurde auch schon informiert. Ich werde nachher nach ihr sehen", erwidert Wilma, während sie die Notizen in ihr Büchlein schreibt. Die beiden Schwestern packen ihre Sachen zusammen, gehen. Ihre Schicht ist zu Ende. Wilmas fängt gerade an. Heute ist Muttertag. Speed-Dating im Altersheim nennen die Schwestern diesen Tag. Und das ist es auch. Speed-Dating. Ein Tag, an dem es Kindern wieder bewusst wird, dass sie eine Mutter haben. Wenn der Wahnsinn ausbricht, bin ich schon weg, denkt Wilma sich, während sie die Tür des Zimmers mit der Nummer 406 öffnet. Barayagwiza`s Zimmer. „Guten Morgen, meine Gute", begrüßt Wilma Barayagwiza, setzt sich aufs Bett und streicht ihr sanft über das graue, dicke, gekräuselte Haar. Das Radio läuft leise. Wie sehr Wilma das hasst. Und wie oft schon musste sie den jungen Schwestern, allen voran Melanie, sagen, dass Frau Barayagwiza kein Radio hören mag. Barayagwiza liegt, die Augen geschlossen, bewegungslos im Bett. Sie reagiert nicht auf Wilmas Gruß. Erwidert ihn nicht. Ist viel zu schwach. Ihr Brustkorb hebt und senkt sich unregelmäßig. Nicht dem Rhythmus einer afrikanischen Trommel folgend. Wilma schaltet vom Radio auf Kassette um, nimmt aus einer Schachtel, die mit westafrikanischen Symbolen verziert ist, eine Musikkassette heraus. Sie ist bespielt mit der Musik von Salif Keita, einem afrikanischen Künstler. Barayagwiza mochte die Kassette immer gerne hören. Wilma setzt sich wieder aufs Bett, streicht über Barayagwizas Hand und als die Musik anfängt zu spielen, hebt sie kaum sichtbar den Zeigefinger ihrer rechten Hand. Die Augen unter Barayagwizas geschlossenen Lidern zucken unwillkürlich hin und her. Wilma merkt es. Ihre Aufmerksamkeit gilt ihr, der Bewohnerin. Ihre vom Alter gezeichnete schwarze Haut wirkt wie unter der Sonne gegerbtes Leder. Fahl, verblichen, das Leben schwindend. „Ich weiß noch, wie du zu uns gekommen bist", redet Wilma an Barayagwiza hin. Stille. Barayagwiza antwortet nicht. Wilma beschließt, auch zu schweigen. „Ich weiß noch ganz genau, wie du zu uns gekommen bist, Barayagwiza Bitangaro", erinnert sich Wilma gedanklich, stillschweigend. „Barayagwiza Bitangaro, so ist dein voller Name. Bei uns im Pflegeheim gab es bis dahin nur einen farbigen Bewohner, einen Amerikaner namens Henry. Er war mit einer Deutschen verheiratet. Gehörte zu den

Besatzern. Hat sich in Waltraud verliebt, so heißt seine Frau, sie geheiratet und ist in Deutschland geblieben. Ein Unding zur damaligen Zeit. Henry starb im letzten Jahr und seine Frau wohnt immer noch auf Station Vier." Barayagwiza war anders als die Frauen im Pflegeheim. Nicht nur, das sie sich durch ihre Hautfarbe von den anderen Frauen unterschied. Nein. Sie war auch körperlich anders. Wilma erinnert sich, wie entsetzt ihre Kollegin aus dem Zimmer rannte, als sie das erste Mal eine Intimpflege bei Barayagwiza machte. Auch Wilma war damals geschockt. Sie hatte davon gehört. Auch den einen oder anderen Artikel darüber gelesen. Aber bis zu diesem Tag noch nie gesehen. Barayagwiza war beschnitten. Bei Barayagwiza wurde ein Teil der äußerlich sichtbaren Klitoris sowie der Schamlippen entfernt. Es dauerte Monate, bis Barayagwiza so viel Vertrauen zu Wilma gefasst hatte, das sie ihr ihre ganze Geschichte in gebrochenem Deutsch erzählte. Sie wurde nicht als Kind beschnitten, sondern erst als Jugendliche. Damals kamen zwei Heilerinnen in ihr Dorf nahe der Grenze zu Burkina Faso. Sie war nicht vorbereitet. Bekam am Abend ein schrecklich schmeckendes Gebräu aus verschiedenen bitteren Kräutern, das sie trinken musste. Es kamen mehrere Frauen aus ihrem Dorf zusammen mit den Heilerinnen in ihre Hütte. Sie hielten sie fest. Mit einem Messer führten die Heilerinnen die Beschneidung durch. Wahnsinnig vor Schmerzen wurde Barayagwiza ohnmächtig. Ihre Wunde wurde mit Akaziendornen und Pferdehaar verschlossen. Aber das, so erzählte Barayagwiza, bekam sie nicht mehr mit. Dass sie damals überlebt hat, verdanke sie einem Missionar, der in ihr Dorf kam und sie halb verblutet mit zusammengebundenen Beinen in ihrer Hütte fand. Er nahm sie mit nach Burkina Faso in die Stadt, wo sie medizinisch versorgt wurde. Die Mutter wollte sie erst nicht gehen lassen. Aber als der Missionar ihr im Tausch zwei Ziegen bot, willigte sie ein. Von da an arbeitete Barayagwiza in der kleinen Mission ihres Lebensretters. Sie kochte für ihn und seine Gäste, kümmerte sich um die Mission. Als Rebellen einfielen, die Mission plünderten und brandschatzten floh sie, mit einer Handvoll Kindern und Heribert, so hieß der Missionar, nach Ouagadougou, der Hauptstadt von Burkina Faso. Dort blieben sie für mehrere Jahre und Heribert brachte ihr das Schreiben und Lesen bei und ein paar Brocken Deutsch. Als Heribert nach Deutschland versetzt wurde, bat Barayagwiza ihn, sie mitzunehmen. Sie hatte in ihrem Geburtsland keine Familie mehr. Die verlor sie im Tausch gegen zwei Ziegen, die Heribert damals der Mutter gab. Unter strengsten Bedingungen und mit noch mehr, fast unüberwindbarer, Bürokratie durfte Barayagwiza nach Deutschland ausreisen. Es dauerte bis sie sich an die Kultur gewöhnt hatte. Die Winter waren kalt und streng. Und nicht nur die Winter.

Sie fühlte sich manchmal angestarrt wie ein wildes Tier im Käfig. Auch im Pflegeheim fühlte sie sich so.

Die Tür öffnet sich leise. Eine Betreuungsassistentin kommt herein und möchte eine Zehn-Minuten-Aktivierung durchführen. Wilma winkt ab. Schulterzuckend schließt die Dame die Tür. Es mangelt an Kommunikation zwischen den Schnittstellen der unterschiedlichen Bereiche in der Pflege, stellt Wilma fest. Wissen die nicht, dass Frau Bitangaro im Sterben liegt? Wie wenig man sie hier mit ihrem Nachnamen angeredet hat, überlegt Wilma. Respektlos. Überhaupt mangelt es hier an Respekt. Aus Herr Müller wird Müllerchen gemacht. Ein Sie wird schnell zum Du in der Pflege. Wilma steht auf und geht in die Nasszelle des kleinen Zimmers. Sie nimmt mit einer Spezialschere für die Mundpflege eine Kompresse aus der Packung im Bad. Zurück im Zimmer tunkt sie die Kompresse in den Kamillentee, der auf dem Nachtkästchen der Bewohnerin steht, und befeuchtet damit Barayagwizas Lippen. Sie hofft, dass es ihr gut tut. Wilmas Gedanken schwelgen in alten Erinnerungen. Sie erinnert sich, wie ihr Barayagwiza das Du anbot. Und sie es erst mit Zustimmung der gerichtlich eingesetzten Betreuerin Barayagwizas angenommen hatte. Aus Frau Bitangaro – wie Wilma sie damals immer nannte – wurde Frau Barayagwiza. „Du wirst heute deine Heimat wieder sehen. Deine Familie, wenn du gehst.", denkt Wilma. „Vielleicht treffen wir uns dann dort, reisen zusammen im Jenseits. Lassen das Diesseits hinter uns. Und wir kochen gemeinsam Klouikloui, Ringe aus frittierter Erdnussbutter." Wilma muss bei dem Gedanken schmunzeln. Vielleicht ist es ja so. Man muss nur daran glauben. Die Kassette ist zu Ende. Während Wilma sie aus dem Kassettenfach nimmt, umdreht und wieder einlegt, öffnet sich erneut die Tür. Pfarrer Abeeku tritt andächtig herein und nickt Wilma freundlich zu. Abeeku stammt wie Barayagwiza aus Afrika. Er betreut eine kleine afrikanische Kirchengemeinde in der Stadt und organisiert deutsch-afrikanische Gottesdienste. Alle zwei Wochen kommt er Barayagwiza besuchen. In letzter Zeit seltener. Das lag nicht am Pfarrer. Barayagwiza lehnte seinen Besuch ab, verstand nicht mehr, was er wollte, im fortgeschrittenen Stadium ihrer Demenz. Auch lehnte sie das Essen ab, das man ihr anbot. Es ist jetzt schon mehr als eine Woche her, seit sie gegessen hat. Außer Flüssigkeit nimmt Barayagwiza nichts mehr an. Unglaublich, wie lange ein Mensch ohne Nahrung durchhält. Barayagwiza ist eine Kämpfernatur. Aber den Kampf wird sie verlieren. Nach ihrem Schlaganfall erarbeiteten Barayagwiza, Wilma und die vom Gericht bestellte Betreuerin eine Patientenverfügung die besagt, dass Frau Bitangaro keine lebensverlängernden Maßnahmen will, keine Zwangsernährung. Mit der Gabe von Flüssigkeit aber war sie einverstanden. Wilma drückt zum Abschied ihre Hand. Barayagwiza wirkt ruhig und sieht zufrieden aus. Der Atem ist flach, der Brustkorb hebt sich nur noch leicht. „Lebe wohl, meine Gute", verabschiedet Wilma sich, nickt kurz dem Pfarrer zu und verlässt leise das Zimmer. Im Stationszimmer herrscht wieder fliegender Wechsel. Die Spätschicht sitzt schon da, wartet, dass die Übergabe stattfindet. Wilma setzt sich an den Computer, dokumentiert ihre verrichteten Arbeiten. Als bei der Übergabe alles gesagt ist, was gesagt werden muss, steht sie auf und geht. „Bis morgen", rufen ihr die Kolleginnen zu. Doch Wilma antwortet nicht. Es gibt kein Morgen, flüstert sie unhörbar. Schon so oft hat sie der Pflegedienstleitung gesagt, dass sie den Druck nicht mehr aushält. Die vielen Überstunden. Das Einspringen für die Kolleginnen. Die vielen Wochenenddienste. Zu Hause angekommen öffnet sie eine Flasche vom portugiesischen Wein, den sie im letzten Jahr aus dem Urlaub mitgebracht hat. Sie nimmt ihn mit ins Zimmer, schenkt sich bis zum Rand voll ein. Das Glas hat sie von ihrer Mutter. Eine echte Rarität aus der Spiegelauer Glasfabrik. Aus dem Nachttisch nimmt sie ein Dokument und eine kleine Dose, die mit Pillen gefüllt ist. Das Dokument enthält ihren letzten Willen. Die Pillen, die sie über mehrere Wochen gesammelt hat, sind ihre Fluchthelfer. Sie nimmt sie direkt aus der Dose. Nimmt sie nicht erst in die Hand und spült sie mit dem portugiesischen Wein hinunter. Als die Pillendose leer ist, legt sie sich aufs Bett. Sie denkt an Barayagwiza, ihrer schwarze Freundin. Wie sie zusammen mit ihr Klouikloui, Ringe aus frittierter Erdnussbutter, kocht. Als Wilma einschläft, sind ihre Mundwinkel nach oben gezogen. Sie sieht friedlich aus.

Über die Autorin:

Marina Maggio

Geboren bin ich am 18.01.1967 in Schweinfurt. Mein Vater war Amerikaner und und meine Mutter erzählte mir, er wäre nach Vietnam gegangen, als die Beziehung zwischen ihnen zu Ende war. Von dort sei er nicht wieder zurückgekommen, also wohl im Krieg gefallen und tot. Und diese für sie einzige „Wahrheit" hielt sie aufrecht. Ein Freund von mir stieß nun bei der Reserche für eine Geschichte auf eine Internetseite, die nach Vätern sogenannter GI-Babies sucht. Er gab mir die Adresse und ich schrieb dorthin. Dadurch erfuhr ich nach 47 Jahren, dass mein Vater noch lebt, in Houston wohnt und verheiratet ist.

Als mein Vater uns verließ war ich gerade mal sechs Monate alt. Meine Mutter blieb nicht allein und so wuchs ich noch mit sieben Geschwistern auf, von denen meine Mutter zwei zur Adoption freigegeben hat. 1986 habe ich meinen Mann kennengelernt und wir haben 1988 geheiratet. Aus dieser Ehe habe ich vier Kinder (22, 20, 18 und 12). Zusammen mit meinem Mann betrieb ich mehrere Jahre eine Pizzeria und ein italienisches Feinkostgeschäft. 2004 habe ich mich von meinem Mann getrennt und wurde 2005 geschieden. Seitdem arbeite ich in der Altenpflege, was mich sehr erfüllt und mache gerade im Abendstudium meine Ausbildung zur Heilpraktikerin für Psychotherapie. Meine Hobbys sind Sprachen lernen (ich spreche Deutsch, Italienisch, Englisch und Arabisch), Schreiben und Bücher lesen. Mit meiner jüngsten Tochter wohne ich in Würzburg. Im April bin ich Oma eines wunderhübschen Mädchens geworden.

Anna Mwangi

Die Reise

„Get out, it is safe now!", rief der Fahrer. Marina kroch aus dem Paprikahaufen hervor.

Die zehn Männer und die zwei Frauen kletterten aus den Gemüsecontainern. Die Somalis und die Afghanen warfen sich auf den Boden und dankten in einem kurzen Gebet für die gelungene Reise. Die Nigerianer und die drei Moldawier aus Marinas Heimatdorf bekreuzigten sich.

„Be quick, I have to go!", rief der Fahrer. Dann sagte er noch einige Sätze, die Marina nicht verstand. Ihr Landsmann Dimitri übersetzte: „Wien ist nur mehr 15 km weit weg. Verteilt euch in Gruppen zu zweit. Wenn ihr einen Polizeiwagen seht, versteckt euch im Gebüsch."

Der Fahrer gab Gas und der Lastwagen verschwand hinter der Biegung der Landstraße. Die Reisenden gingen langsam. Die Glieder schmerzten nach der dreitägigen Fahrt unter dem Gemüsehaufen. Es war eine mondlose tiefschwarze Nacht. Obwohl es Mitte Juli war, zitterten die Reisenden in der nächtlichen Kälte. Marina hörte das Zähneklappern eines Nigerianers. Sie nahm einen Pullover aus ihrem Gepäck und wollte ihn dem Mann geben, doch Dimitri hielt sie zurück: „Du hast nichts zu verschenken."

Marina versuchte mit den Männern Schritt zu halten. In der Hand trug sie den kleinen Plastikkoffer mit ihrer Zahnbürste, einigen Kosmetiksachen, etwas Unterwäsche, einem Pullover und den Fotos der zwei Kinder, die sie in ihrem Heimatdorf hatte zurücklassen müssen. Dokumente durfte sie nicht mitnehmen, sie hätten ihre Identität bei einer Polizeikontrolle verraten. Die Kontaktadresse in Wien hatte sie auswendig gelernt.

Sie versuchte die Bilder von Lisa und Leo zu verdrängen. Ihre letzte Kuh hatte sie der Nachbarin gegeben, dafür nahm diese die Kinder in ihre Obhut. Sie würden die nächsten Jahre bei ihr leben, bis Marina als wohlhabende Frau in ihr Dorf zurückkehrte.

Das wird sicher so sein, das hatte Herr Ivanov versprochen. Der gütige, kluge Herr Ivanov, der diese Reise organisiert hatte. Dass Marina nach Österreich fahren durfte, um in Wien als Küchenhilfe in einem Restaurant zu arbeiten, verdankte sie ausschließlich ihm.

Marina hatte zwei der drei Kühe, die fünf Ziegen und den kleinen Gemüsegarten verkauft, um die Fahrtkosten bezahlen zu können. Doch das fand sie gerecht, schließlich hatte Herr Ivanov viel investiert und riskierte entdeckt und bestraft zu werden.

Dass sie Herrn Ivanovs Hilfe annehmen würde, hatte sie schon einige Tage nach dem Begräbnis von Leon beschlossen. Ohne die Hilfe ihres Mannes hätte sie es nicht geschafft, die kleine Familie über Wasser zu halten. Eine Nachbarin brachte sie dann mit Herrn Ivanov zusammen.

„Ich möchte Ihnen helfen, weil Sie allein sind mit Ihren zwei kleinen Kindern.", sagte der elegante dicke Mann und machte ihr ein tolles Angebot. Er würde sie auf geheimem Wege nach Wien bringen und ihr dort eine gut bezahlte Arbeit besorgen. Die Reisekosten könnte sie später, im Lauf der Jahre, in Raten von ihrem Lohn bezahlen. Herr Ivanov verlangte nur einen kleinen Vorschuss von 5000 Euro.

Als Küchenhilfe würde sie 3 Euro pro Stunde bekommen. Marina rechnete diese Summe in moldawische Währung um: Ein Haufen Geld. In Moldawien hätte sie nie so gut verdient. Natürlich würde man von ihrem Lohn die Rate für Herrn Ivanov und den Betrag für Marinas Unterbringung in einem Sechsbettzimmer und ihr Essen abziehen, doch sie war mit den Bedingungen einverstanden. Sie fragte nicht allzu viel, um nicht unbescheiden zu erscheinen. Schließlich war das eine tolle Chance, ihre und die Zukunft ihrer Kinder zu sichern.

Sie vertraute Herrn Ivanov. Er stammte aus der Gegend und war schon zu Sowjetzeiten auf einem verantwortungsvollen Posten als Parteisekretär gewesen. Nach der Wende ging er ins westliche Ausland und kam als wohlhabender Geschäftsmann zurück. Er hatte ein neues Haus, ein dickes Auto und Luxusgegenstände und war somit ein leuchtendes Beispiel für alle im Dorf. Herr Ivanov widmete sein Leben jetzt der Aufgabe, jungen Menschen eine Chance im Westen zu verschaffen.

Marina wusste, dass sie keinen unanständigen Beruf ausüben würde, wie es Ljuba, die Nachbarstochter tat, die nach zwei Jahren krank und arm ins Dorf zurückgekehrt war.

Nein, Marina würde als anständige Küchenhilfe zu Geld kommen.

Obwohl sie von Herrn Ivanov informiert wurde, dass die Reise von der moldawischen Grenze bis Wien in einem Gemüsecontainer etwas anstrengend sein würde, war Marina fest entschlossen, denn andere hatten diese Reise auch gut überstanden.

Während sie im Paprikahaufen nach Luft rang, dachte sie an das neue Haus, das sie nach ihrer Rückkehr bauen würde. Mit Fernsehantenne auf dem Dach, mit dem modernen Motorrad in der Garage und einer Waschmaschine in der Küche.

Jetzt stand sie da – auf der dunklen Landstraße im gelobten Land. Sie trennte sich zusammen mit Dimitri von der Gruppe, sie blieben am Straßenrand stehen und versuchten, ein Auto anzuhalten, doch alle fuhren vorbei. „Versuch es allein", schlug Dimitri vor. Ihr blieb nichts anderes übrig, als sich vom letzten Menschen, mit dem sie reden konnte, zu verabschieden.

Bald hielt ein Lastwagen an. Marina überwand ihre Furcht vor dem unbekannten bärtigen Mann. Sie sagte „danke", eines der wenige Worte, die sie auf deutsch konnte, und kletterte auf den Beifahrersitz.

Schon nach einigen Minuten griff ihr der Mann an die Brust. „Nein, nein!", schrie sie. Der Mann bremste scharf, riss die Tür auf und stieß sie hinaus.

Sie zitterte am ganzen Körper und ging mit unsicheren Schritten weiter. Langsam wurde es hell und die ersten Häuser einer Großstadt tauchten am Horizont auf. Das musste Wien sein.

Ihr Gesicht war von Tränen überströmt – vor Glück.

Über die Autorin

Anna Mwangi:

Ich wurde am 1.1.45 in Budapest geboren. Meine Eltern waren Kommunisten, die im Untergrund gegen das faschistische Regime in Ungarn gekämpft hatten.

Nach dem Krieg machte mein Vater eine steile politische Karriere im kommunistischen Ungarn. Doch im Jahre 1949 kam es zu einem Machtkampf zwischen den Stalinisten und den westlich orientierten Kommunisten. Die Stalinisten gewannen und ließen ihre Gegner verhaften. So kam mein Vater für sechs Jahre ins Gefängnis, meine Familie wurde aus Budapest ausgesiedelt. Ich wuchs während der finsteren Jahre des Stalinismus in einer Kleinstadt in Nordungarn mit zwei Geschwistern in großer Armut auf.

Im Jahre 1955 wurde mein Vater aus dem Gefängnis entlassen, rehabilitiert, bekam wieder einen hohen Posten und die Familie übersiedelte nach Budapest.

Dort maturierte ich im Jahre 1963. Im selben Jahr wurde mein Vater als Leiter des staatlichen ungarischen Reisebüros nach Wien versetzt. Entgegen den damaligen Bestimmungen durfte er sogar seine ganze Familie nach Wien mitnehmen, kein Kind musste als Geisel in Ungarn zurückbleiben, um seine Rückkehr sicherzustellen.

Die meisten Vertreter Ungarns lieferten dem ungarischen Geheimdienst Informationen über Österreich. Das hatte mein Vater abgelehnt. So bekam er bald Schwierigkeiten. Bei einer Reise nach Budapest wurde er verhaftet und des Landesverrates angeklagt.

Meine Mutter bat für die Familie um Asyl in Österreich. Das wurde sofort gewährt. Damals waren die Österreicher sehr lieb zu Flüchtlingen aus den Oststaaten.

Meine Mutter begann für meinen Vater zu kämpfen. Sie schrieb Briefe an viele Organisationen. Der Fall meines

Vaters machte in Wien viel Aufsehen. Es war sehr unangenehm für die ungarische Regierung und er wurde vom Landesverrat freigesprochen, freigelassen und nach Österreich abgeschoben.

Aus reichen Diplomaten wurden wir plötzlich arme Flüchtlinge. Doch die Angst, die unser Leben bis dahin beherrscht hatte, war gewichen. Ich musste mein Universitätsstudium abbrechen und verschiedene Gelegenheitsjobs machen.

Mit 23 verliebte ich mich in einen kenianischen Studenten. Schwarz-weiße Liebesbeziehungen waren in den 1970er Jahren verpönt. Für meine Eltern war es ein Schock. Als ich ihn heiratete, brachen sie den Kontakt zu mir für viele Jahre ab.

Ich wurde Hauptschullehrerin in Wien und war als solche 35 Jahre lang tätig. Ich bekam drei Kinder. Gesellschaftlich wie auch beruflich hatte ich wegen meiner Heirat viele Probleme. Ursprünglich wollten wir nach Kenia übersiedeln. Doch die ungünstige politische und wirtschaftliche Entwicklung in Afrika erschreckte uns und wir beschlossen, in Österreich zu bleiben. Mein Mann wurde schwer zuckerkrank und musste sein Studium abbrechen.

Die Aufgabe, die Kinder zu erziehen und die Familie zu erhalten, lastete auf mir.

Meine Kinder sind jetzt erwachsen und ich bin seit fünf Jahren leider Witwe.

Erst in den letzten Jahren konnte ich mich dem Schreiben widmen.

Ich habe Kurzgeschichten in Anthologien veröffentlicht (Verlag: Wiener Volkshochschulen. 2010, 2011) Heuer habe ich für eine Kurzgeschichte einen Literaturpreis beim Exil Verlag bekommen.

Nejad

Land der Zärtlichkeit

*E*ines Tages dachte ich darüber nach, wie leicht ich mein Leben so weiterlebe und stellte mir ein paar Fragen: Warum muss ich so leben? Warum darf ich nicht Ich selbst sein? Warum bin ich immer so gewesen, immer nur damit beschäftigt, die anderen zufriedenzustellen? Warum musste ich immer meiner Mutter, meinem Vater, meiner Familie und meinen Freunden gefallen?

Ich bin dann zu dem Schluss gekommen, dass ich immer den Frieden gesucht habe, dass ich mein ganzes Leben lang hinter die Gitter meiner Gefühle gesperrt war. Ich hatte vergessen, dass ich auch frei sein könnte.

Nun möchte ich meinem eigenen Weg folgen und dorthin gehen, wo ich mich selbst finden kann. Ich möchte zu dem Land gehen, dass das Land der Zärtlichkeiten genannt wird. Dieses Land liegt am Fuße einiger großer Berge und ist überfüllt von Frieden und Zärtlichkeit.

In diesem Land wirst du niemanden hören, der vor Ungerechtigkeit weint, weil in diesem Land die Gerechtigkeit im Herzen der Menschen liegt und das Gericht in ihrem Gewissen.

In diesem Land hat Trennung keine Bedeutung, weil hier die Liebe herrscht. Hier leben die Menschen nach dem Motto: Genieße das Leben, es ist schön.

In diesem Land habe ich viele liebevolle Bekannte. Einer von ihnen lebt in einem Haus am Fluss. Der Fluss fließt von einem Hügel hinunter und durch das Land, das ewige Wasser. Alle trinken das Wasser des Flusses. Manchmal glaube ich, dass man das Wasser mit Zärtlichkeit und Liebeshefe gemischt hat.

In diesem Land fragt niemand nach deinem Geschlecht. Niemand fragt dich, ob du Mädchen oder Junge, Frau oder Mann bist. Niemand fragt, ob du hetero-, trans- oder homosexuell bist. Niemand fragt nach deinen Eigenschaften, nach deinen Gewohnheiten, nach deinem Lebensstil und niemand bestimmt dein Leben. Nur du selbst bist dein Vorbild. Hier weißt du, wer du bist.

Du kannst hier eine Frau sein und eine Frau lieben. Du kannst hier eine Frau sein und einen Mann lieben. Du kannst ein Mann sein und dein Bett mit einem anderen Mann teilen. Niemanden kümmert, wen du liebst.

Ich habe viele Jahre ein sehr schweres Leben gehabt. Niemand hat mich verstanden und auch ich verstand niemanden.

Es kam aber dann für mich die Zeit vieles zu verstehen, zumindest glaubte ich zu verstehen. Und das machte das Leben noch schwerer, weil ich sah, was ich noch alles verstehen und begreifen musste.

Eines Tages nahm ich mein Gepäck und entschied mich zu verreisen, mein Land, meine Heimat zu verlassen. Das Verlassen meines Geburtsortes war der erste Schritt. Die nächsten Schritte folgten. Die Suche nach meinem Traumland.

Ich würde so gerne die Suche nach meinem Traumland fortsetzen, weiter gehen. Auf diesem Wege ist es mir egal, wie weit ich komme und wie schwer die Suche sein wird. Denn ich habe mein Ziel vor Augen. Mein Ziel habe ich festgelegt. Genauso war es auch für Jesus. Auch er wusste, dass er einen schwierigen Weg vor sich hatte und diesen Weg gehen musste.

Und endlich habe ich mein Traumland gefunden!

Ich habe gehört, dass meine lieben Verwandten auch dort sind. Oh, wie schön wird es sein, wenn ich sie wieder sehe. Wie schön wird es sein, wenn ich endlich mein Kind dort treffe. Und wie schön ist es, wenn ich fantasiere, dass mein Haus, ein Haus aus Holz, in der Nähe des Flusses liegt, von dem ich immer träume. Und da werden das beruhigende Rauschen des fließenden Wassers und die Stimmen der Vögel meine Seele heilen und erfrischen.

Ich hoffe nur, dass dieser Weg ein Ende findet. Ich hoffe, dass ich bald ein einfaches, liebevolles Leben finde, neben meinen geliebten Menschen.

Ja, ich bin der Pilger dieses heiligen Weges. Ja, ich werde das Land der Zärtlichkeit erreichen. Das Land meiner Träume!

Aus dem Persischen übersetzt von Schohreh Baddii

Entnommen aus:

„Und meine Seele jagte den flüchtenden Worten nach..."
Schreibwerkstatt für Flüchtlinge und Folterüberlebende
Ein Projekt der BAF (Bundesweite Arbeitsgemeinschaft der psychosozialen Zentren für Flüchtlinge und Folteropfer) in Kooperation mit ihren Mitgliedszentren.
BAF, Paulsenstr. 55-56
12163 Berlin

The Statue of Liberty
Mixed media auf Leinwand, Diptychon, 70x105cm, 2008

Emmanuel Ndahayo

Glauben in einer modernen Gesellschaft

Deutschland, das versprochene Heimatland.
Migrationserfahrung und Hoffnung für die Zukunft.

Einführung

In den letzten Jahren sind Tausende afrikanischer Migranten nach Deutschland gekommen. Viele von ihnen gehörten in ihren Heimatländern den traditionellen Kirchen an und verließen, als sie nach Deutschland kamen, ihre bisherige religiöse Zugehörigkeit und zählen jetzt zu den Mitgliedern religiöser Organisationen, die von Migranten in ihrer Ankunftsgesellschaft gegründet worden sind. Diese Organisationen werden oft als Migrantenkirchen bezeichnet. Laut Simon (2003: 40) wurde die erste afrikanisch-christliche Kirche 1974 auf deutschem Boden in München gegründet.

Die Zahlen afrikanischer religiöser Organisationen bzw. Gemeinden in Deutschland und die ihrer Anhänger sind unbekannt und lassen sich sehr schlecht schätzen. Ihre Zweige und Gemeinden sind unter verschiedenen Bezeichnungen bekannt und besitzen keine gemeinsame Koordination. Manche sind offiziell als Vereine eingetragen, andere sind nirgendwo eingeschrieben.

Im vorliegenden Artikel beschäftige ich mich mit dem Zusammenhang zwischen der Mitgliedschaft von Migranten mit afrikanischem Hintergrund bei pfingstlerischen religiösen Organisationen und ihrer Lebenserfahrung in der Migration in Deutschland. Für eine verständliche Analyse über diesen Zusammenhang wird ein Kurzüberblick über die Theorien im Bereich der Religionssoziologie benötigt.

Kurzüberblick über die Theorien in der Religionssoziologie

In dieser Studie werden die Meinungen verschiedener Autoren über die Religion und ihre Rolle in der Gesellschaft berücksichtigt. Ihre Beiträge sind sehr wichtig für das Verstehen und die Analyse einer Gesellschaft und ihrer Realitäten. Max Weber betont mit seiner konstruktivistisch geprägten Analyse die Bedeutung der Religion für ihre Anhänger und findet eine enge Verbindung zwischen verschiedenen Religionstypen und spezifischen sozialen Gruppen oder Kategorien. Er ist der Meinung, dass es eine Tendenz gibt, religiöse Attitüden mit spezifischen Gruppen in einer Gesellschaft zu assoziieren. Interessant bei Weber ist, dass er sich weniger mit der Erklärung der Religion per se und mehr mit dem Einfluss der Religionstypen auf das Leben der Religionsanhänger beschäftigt hat. Laut Hamilton B.M. (1995: 137-138) habe Weber die Religionstheorien – nach denen Religion grundlegend als eine Reaktion auf Deprivation und daher von Ressentiments motiviert angesehen wird – abgelehnt, obwohl er nicht ausschließt, dass es eine sehr enge Verbindung zwischen der Religion und dem Leiden gibt. Die Religionssoziologie soll laut Weber folgende Aspekte berücksichtigen:

- die grundsätzlichen Beziehungen zwischen religiösen Einstellungen und spezifischen sozialen Gruppen, die diese Einstellungen haben

- die Konsequenzen für die Geschichte und die Gesellschaft, in der sich diese religiösen Einstellungen finden

- den Einfluss, den diese auf die Lebensstile, Attitüden und Verhältnisse von Menschen haben.

Ein weiterer Autor, der sich mit der Religion beschäftigt hat, ist Karl Marx. Er war der Meinung, dass die Religion ein Produkt einer in Klassen aufgeteilten Gesellschaft sei (vgl. Hamilton B. M. 1995: 80-86). Laut ihm ist die Religion das Seufzen eines unterdrückten Lebewesens, das Herz einer herzlosen Welt, der Geist einer geistlosen Situation und der Trost oder das Opium für das Volk. Religion ist nach Marx das Selbstbewusstsein von jemandem, der sich entweder noch nicht gefunden, oder der sich gerade verloren hat. Die religiöse Bedrängnis sei zugleich eine Äußerung realer Bedrängnis und ein Protest gegen diese. Die Religion ist also ein Produkt (schlechter) sozialer Bedingungen.

Die Meinung von Karl Marx – obwohl sie sehr kritisiert wird – und die interpretierende Position von Weber erfordern die Analyse einer Religion in ihrer Gesellschaft, die Berücksichtigung der Lebensbedingungen der Kirchgänger und ihrer Lebensläufe, sowie die Prüfung der von der Religion bzw. der Kirche in ihrem Leben gespielten Rolle.

Diese Rolle der Religion kann in verschiedenen Bereichen (wirtschaftlich, sozial, psychologisch, politisch etc.) aufgespürt werden. Im ökonomischen Bereich z. B. hat Max Weber (2002: 309-211) herausgefunden, dass die Zugehörigkeit zu einer Kirche in den USA die Realisierung wirtschaftlicher Ziele ermöglicht. Er stellte fest, dass der Ausschluss aus einer religiösen Gruppe zum Verlust eines ökonomischen Kredits und zum sozialen Abstieg führen kann. Weber war auch der Meinung, dass die protestantische Ethik den kapitalistischen Geist produziert und dass dieser Geist zu einer rationalen kapitalistischen Aktion führt. Dies erkläre den wirtschaftlichen Erfolg der Protestanten. Ohne die Hypothese von

Weber bestätigen oder ablehnen zu wollen, muss auf jeden Fall erkannt werden, dass die Religion nicht nur zu magischen oder anderen religiösen Erwartungen führt, sondern auch eine große Rolle im mondänen Leben spielt und dass sie einen Einfluss auf ihre Anhänger ausübt.

Diese Aussage findet Bestätigung bei Emile Durkheim. Für ihn ist Religion nichts anderes als eine kollektive Kraft der Gesellschaft über das Individuum. Die Gläubigen sind von ihrem Glauben abhängig und sie unterliegen seiner moralischen Macht (Durkheim 1915: 225). Durkheim ist der Meinung, dass moralische und soziale Gefühle durch die Teilnahme an religiösen Riten stärker und sogar erneuert werden. Wegen der kollektiven Natur der Anhängerversammlung wird eine Gruppe oder eine Gesellschaft für die Teilnehmer bedeutend. Riten generieren also die soziale Solidarität und Kohäsion und erhalten sie aufrecht. Weiterhin behauptet Durkheim, dass die Religion zur Festigung und Stabilisierung sozialer Strukturen wichtig sei. Laut ihm führt die Religion zur Solidarität in einer Gesellschaft, weil sie sich auf Überzeugungen und Praktiken beziehe, die heilige Dinge umfassen und in einer moralischen Gemeinschaft alle Mitglieder miteinander verbinden. Er bezeichnet neben anderen Faktoren den Glauben als ein Element der Macht, die die Gesellschaft über ihre Mitglieder ausübt. Während seine Auffassung auf der gesellschaftlichen Ebene in Frage gestellt werden kann, muss sie aber in Bezug auf die Religionsgruppe oder auf die Religionsgemeinschaft bestätigt werden. Interessant hierbei zu bemerken ist, dass die integrative Funktion einer Religion für ihre Anhänger zu einer desintegrativen Funktion gegenüber den anderen Religionsgemeinschaften oder gegenüber den nicht-religiösen Menschen werden kann. Religion kann zu einer sozialen Kohäsion führen, wenn sie mehrheitlich akzeptiert wird, aber zu einer Desintegration, wenn es viele Religionsströmungen gibt.

Über die Rolle der Religion in der Gesellschaft haben sich auch die Funktionalisten – wie Alfred Reginald

Radkliffe-Brown, Bronislaw Malinowski, Thomas O'Dea etc. – geäußert. Der soziologischen These von Durkheim fügen sie eine psychologische Dimension bei. Die funktionalistischen Thesen schwanken zwischen der Integrations- und Desintegrationsfunktion einer Religion. O'Dea (1966) fasst die Meinungen verschiedener Funktionalisten zusammen und arbeitet die folgenden sechs Funktionen der Religion in der Gesellschaft heraus:

1. Die Religion bietet Unterstützung und Trost an und unterstützt so existierende Werte und Ziele.

2. Die Religion bietet emotionale Sicherheit, Identität und einen festen Referenzpunkt inmitten von Ideen- und Meinungskonflikten an. Sie bietet also eine soziale Ordnung und hilft dabei einen Status quo aufrechtzuerhalten.

3. Die Religion verleiht bestimmten Normen einen sakralen Charakter und befördert kollektive Ziele.

4. Die Religion bietet Möglichkeiten des Engagements in Form von Kritik an existierenden sozialen Verhältnissen und von sozialem Protest an.

5. Die Religion hilft dem Individuum dabei sich anzunehmen und bietet ihm eine Identität an.

6. Die Religion hilft dem Individuum in Zeiten der Krise und bei der Transition von dem einen zum anderen Status und sie ist daher als Teil des Erziehungsprozesses anzusehen.

O'Dea (id.) erkennt aber, dass die funktionalistische Herangehensweise partiell und lückenhaft ist, dass sie die Säkularisierung nicht berücksichtigt und dass die Religion zu einer Dysfunktion führen kann. Diese Dysfunktionen sind nichts anderes als das Gegenteil der oben genannten sechs Funktionen der Religion. Die Religion kann also den Protest gegen Ungerechtigkeit, den Wissensfortschritt oder die

Anpassung an sich verändernde Umstände (durch ihren Konservatismus) verhindern. Die prophetische Funktion kann zu utopischen und unrealistischen Hoffnungen für einen Wandel führen und daher praktische Aktionen für den Wandel verhindern. Sie kann Individuen so stark an eine Gruppe binden, dass Konflikte mit anderen Gruppen gefördert werden und so das Zusammenleben erschweren. Die bestehende Situation kann sich dadurch so verändern, dass die Gläubigen von religiösen Institutionen und Führern abhängig werden und so ihr eigener Reifeprozess verhindert wird.

Diese Theorien über die Religion sind die Basis meiner Untersuchung über die von afrikanischen Migranten gegründeten pfingstreligiösen Gemeinden. Daraus folgt die Notwendigkeit, die Erfahrung und das Alltagsleben der Anhänger dieser Organisationen sowie die Entstehung, die Herkunft und die Entwicklung des Pfingstglaubens zu berücksichtigen.

Der Pfingstglauben:
Von der AZUSA-Straße in Kalifornien aus wird die Welt „erobert".

Im letzten Jahrhundert sind unübersichtlich viele unabhängige Kirchen und religiöse Gruppen entstanden. Sie sind von baptistischen, anglikanischen, methodistischen, lutherischen, aber auch katholischen Dissidenten gegründet worden. Viele dieser neuen Gruppen oder Gemeinden bezeichnen sich als pfingstlerisch. Sie sind in den USA entstanden und ihre Entstehung ist mit der Geschichte dieses Landes verbunden. Die Pfingstbewegung habe im April 1906 in einer Gemeinde des schwarzen Predigers John Seymour in der Azusa-Straße in Los Angeles begonnen, so Schrupp (2006). Laut Schrupp entstand die Bewegung vor dem Hintergrund einer amerikanischen Gesellschaft, in der „strikte Rassentrennung" und „geschlechtsbedingte Ungerechtigkeit" vorhanden waren. Sie fährt damit fort zu erläutern, dass sich hier Menschen aus verschiedenen Gesellschaftsschichten, unterschiedlicher nationaler Herkunft und mit verschiedenen Hautfarben täglich in einer alten Baracke treffen konnten, obwohl eine solch bunte Begegnung in dieser Zeit eigentlich unvorstellbar war. Sie war praktisch ein Wunder, das den Pfingstglauben bei manchen Teilnehmern verstärkte. Während der Prediger John Seymour und die ersten Pioniere der Pfingstbewegung die Situation als ein Zeichen der Stärke des Heiligen Geistes interpretierten und als einen „Weg zur Aufhebung der Rassentrennung ansahen" (Schrupp 2006), war diese Neuerscheinung für die Medien und auch für die traditionellen Kirchen ein Skandal (Schrupp 2006). Die weißen Prediger in dieser neuen Pfingstbewegung konnten sich von ihrem „tief sitzenden Rassismus" (Schrupp 2006) nicht dauerhaft trennen. Sie erklärten, „Satan" hätte sie „in Besitz genommen" – wie die Pfingstgläubigen glauben. So wurden später eigene Kirchen gegründet, in denen die Rassentrennung wieder ihren Platz hatte (Schrupp 2006). Dies war die erste und nicht die letzte Abspaltung von den jungen Pfingstkirchen. Ihre Verbreitung wurde dadurch jedoch nicht verhindert.

Die Pfingstbewegung, die sehr schnell wächst (vgl. Trotha 2006: 294), hat von den USA aus andere Länder und alle Kontinente erreicht. Sie ist jetzt überall auf der Welt zu finden, insbesondere in Lateinamerika, Afrika und Ostasien. In der sogenannten Dritten Welt schließen sich jedes Jahr Millionen von Menschen den bereits existierenden zahllosen Pfingstgemeinden an. Von Schrupp (1997) erfährt man, dass die Azusa-Straße, wo die Bewegung entstanden ist, in einem Viertel von Tagelöhnern, Näherinnen und Putzfrauen lag. Dass diese Bewegungen sich mehr in den armen als in den reichen Ländern verbreitet haben, kann die Darstellung einer „Kirche der Armen" oder der „Leute aus der Unterschicht" nur bestätigen. Diese neuen Strömungen gelten also vor allem als religiöse Bewegungen des Volks, der Armen, der Analphabeten, der Frauen und der einfachen Leute

(Schrupp 1997), der Flüchtlinge und Migranten, aber auch der jungen Generation, die die traditionellen Kirchen als altmodisch und nicht mehr spirituell befriedigend ansehen. Die Mitglieder der Pfingstorganisationen sind nicht die einzigen, die den Modernismus bei den neuen religiösen Bewegungen konstatieren. Glick-Schiller et al. (2004) haben z.B. diese Bewegungen auch als „Christian Modernists" bezeichnet. Nicht nur rivalisieren sie mit der traditionellen katholischen Kirche und den nicht mehr modernen protestantischen Kirchen, sondern sie übertreffen die traditionelle pfingstlerische Religiosität und führen eine richtige „Revolution" gegen sie.

Die schnell wachsenden pfingstlerischen Bewegungen prägen das Leben ihrer Mitglieder stark. Die Mitglieder der Pfingst- und der charismatischen Bewegungen müssen einem vorgegebenen klaren „Muster der Lebensführung" folgen (vgl. Trotha 2006). Durch Sozialaktivitäten, Liturgie, religiöse Praktiken und das Zeugnis oder das Hineinbringen ihrer Visionen und Träume in den Gottesdienst, beteiligen sich diese religiösen Bewegungen am Schicksal und am Alltagsleben ihrer Anhänger und vielleicht indirekter Weise auch an der Zukunft der Gesellschaften, in denen sie sich befinden. Es ist interessant, festzustellen, dass die Pfingstkirchen und die neuen religiösen Strömungen mit den alltäglichen Sorgen der Menschen untrennbar verbunden sind. Sie spielen eine große Rolle im Leben ihrer Anhänger und haben Einfluss oder zumindest Auswirkungen auf ihr soziales, kulturelles, ökonomisches und politisches Leben. Sie erfüllen verschiedene Funktionen oder Dysfunktionen in den Gesellschaften, in denen sie sich befinden und tragen zur Realität und zum Wandel dieser Gesellschaften bei. Ihr rasches Wachstum ist wohl auf die wachsende soziale Ungleichheit in den verschiedenen Gesellschaftsschichten zurückzuführen. Die Mitglieder dieser Bewegungen kommen mehr aus Schichten mit schlechten sozialen und ökonomischen Lebensbedingungen. Dies wäre ein möglicher Grund, warum diese Strömungen in den armen Ländern (Afrika, Lateinamerika) präsenter sind als in den reichen.

Afrikanische religiöse Bewegungen in Deutschland

Die afrikanischen religiösen Organisationen in Deutschland sind eng mit der Migration der Menschen mit afrikanischem Hintergrund verbunden. Sie befinden sich überwiegend in großen Städten, wo viele afrikanische Migranten leben. In kleinen Städten gibt es dagegen kaum afrikanische Gemeinden. Die afrikanischen Pfingstgläubigen, die in kleinen Städten und Gemeinden wohnen, müssen in die großen Städte fahren, um Gottesdienste zu besuchen. Es dauert lange bis eine afrikanische Gemeinde Tochtergemeinden in benachbarten kleinen Städten gründet. Die Gründung von Satellitengemeinden und die Verbreitung der Mutterkirche in andere Gebiete bzw. Städte – innerhalb oder außerhalb Deutschlands – zählen zu den Prioritäten vieler afrikanischer Kirchen (vgl. Simon 2003).

Der Zusammenhang zwischen der Anwesenheit der Afrikaner und der Entstehung und Entwicklung von afrikanischen Kirchengemeinden in Deutschland ist nicht zu übersehen. Nicht nur werden die Gründung und die Leitung dieser Gemeinden von Afrikanern übernommen, sondern sie rekrutieren auch ihre Mitglieder mehrheitlich aus den in Deutschland lebenden Afrikanern. Natürlich sind diese Gemeinden für alle offen. Diese Offenheit kommt von Herzen und man freut sich sehr auf und über neue „weiße" Mitglieder, aber das erste „verlorene Schaf" – um die Bibel zu wiederholen – welches zu finden ist, ist der Afrikaner oder die Afrikanerin. Viele afrikanische religiöse Gemeinden bemühen sich zusätzlich, Migranten anderer Herkunft anzusprechen und auch deutsche Mitbürger einzubeziehen. Die Mitglieder sind daher nicht nur Afrikaner und zählen auch nicht nur zur ersten Generation der Migranten. Viele Kinder und Jugendliche sind ebenfalls dabei. Sie leiten z. B. die Musikbands, übernehmen Übersetzungen und Dolmetscherdienste oder sie kümmern sich um die Betreuung der Kleinkinder während der Gottesdienste. Englisch und Französisch sind die Hauptsprachen im Gottesdienst, aber sie werden simultan ins Deutsche übersetzt.

Probleme in Bezug auf Versammlungsräume (Simon 2003: 40) sind nur eines von vielen Beispielen, an denen man die Vielzahl der Schwierigkeiten erkennt, mit denen diese afrikanischen Gemeinden konfrontiert sind. Einige kooperieren mit deutschen Freikirchen und mieten Gemeinderäume für ihre Gebete und Gottesdienste. Andere versammeln sich bei ihrem Pastor, bei einem ihrer Mitglieder zu Hause oder in einem eigentlich als unpassend empfundenen Raum. Wie Hüwelmeier und Krause (2008) sagen, können sich die meisten religiösen Migrantengruppen keinen Neubau leisten und mieten deshalb Keller oder ehemalige Fabrikhallen, deren Kosten durch Spenden tragbar sind. Sie finanzieren sich ausschließlich aus Spenden bzw. aus dem von den Anhängern gegebenen Einkommenszehnten. Da die sozio-ökonomische Situation der Mitglieder in den meisten Fällen nicht so gut ist, sind auch die Spenden sehr gering. Sie bekommen keine Hilfe vom Staat oder von den Kommunen. Die wirtschaftliche Situation dieser religiösen Organisationen in Deutschland ist deshalb sehr prekär. Die Pastoren und ihre Mitarbeiter arbeiten ehrenamtlich. So ist es kein Wunder, dass diese Kirchen ihre Rituale in Deutschland oftmals in Hinterhäusern oder Kellerräumen praktizieren. Zu diesen materiellen Schwierigkeiten kommen Anerkennungs- und Akzeptanzprobleme innerhalb der Bevölkerung (vgl. Simon 2003: 41).

Diese geringe Anerkennung ist zum Teil auch auf die traditionellen Kirchen in Deutschland zurückzuführen. Während afrikanische Musik, Speisen und Mode etc. längst einen Platz in der deutschen Gesellschaft gefunden haben, bleiben die afrikanischen religiösen Organisationen häufig noch unbemerkt (Schrupp 2006). Laut Hüwelmeier und Krause (2008) fühlen sich viele Migranten alleingelassen – auch von den etablierten Kirchen. „Selbst christliche MigrantInnen haben kaum Chancen, in deutschen Gemeinden einen

anerkannten Platz zu erhalten" (Hüwelmeier und Krause 2008). Diese Autorinnen beschreiben die Situation wie folgt:
„In der Katholischen Kirche, die sich als Weltkirche versteht, werden separate Gemeinden für MigrantInnen gegründet: Man bleibt unter sich, ein Kontakt mit deutschen Katholiken kommt insbesondere aufgrund von sprachlichen Barrieren kaum zustande [...]In den evangelischen Landeskirchen scheint die Begegnung von deutschen und nicht-deutschen ChristInnen ebenfalls eher schwierig. Deutsche Protestanten betrachten ein anderes Verständnis des Christentums und des Gottesdienstes als problematisch und klassifizieren Gebetsgruppen von MigrantInnen vorschnell als Sekten....Insbesondere die von MigrantInnen gegründeten Pfingstkirchen sowie christliche prophetische Bewegungen fühlen sich mit ihren Vorstellungen der religiösen Praxis und der Missionierung wenig anerkannt. Aufgrund ihrer Erfahrungen, die teilweise von Rassismus geprägt sind, ziehen sie es dann vor, unter sich zu bleiben und gründen eigene Netzwerke" (Hüwelmeier und Krause 2008).

Ohne das Zitat von Hüwelmeier und Krause allzu ausführlich kommentieren zu wollen, fällt mir eine Sache auf: Die afrikanischen religiösen Organisationen in Deutschland sind durch Netzwerke verbunden. Diese Netzwerke sind sehr unterschiedlich und operieren auf lokaler, regionaler, nationaler und auch internationaler Ebene. Es gibt aber bisher keine gemeinsame Koordinierungsmöglichkeit dieser vielen unterschiedlichen Netzwerke. Einige afrikanische Kirchengemeinden organisieren sich in Netzwerken in Berlin, Hamburg, Frankfurt, Köln etc., aber auch über die deutschen Grenzen hinaus (Simon 2003). „Propheten" kommen aus Afrika oder von anderen Kontinenten und predigen in Deutschland. Afrikanische Pastoren, die in Deutschland leben, reisen auch ins Ausland, um das Wort Gottes zu verbreiten oder eine neue „Gottesgemeinde" zu gründen (Simon 2003). Gelegentlich gibt es gemeinsame Gottesdienste mit Christen und Pastoren von anderen Kontinenten in Deutschland (Hüwelmeier und Krause 2008).

Die Transnationalität prägt also die Aktivitäten afrikanischer Kirchengemeinden. Es gibt dreieckige transnationale Netzwerke, in die viele afrikanische Pfingstgemeinden integriert sind. Die drei Ecken der Netzwerke beziehen sich auf drei Kontinente: Europa, Afrika und Amerika. In Amerika werden Kontakte überwiegend in den USA aufgenommen. Dort ist die pfingstreligiöse Bewegung ursprünglich entstanden und von dort werden auch Pfingstpastoren und finanzielle Hilfen in andere Länder, besonders nach Afrika und Lateinamerika, geschickt, um die dort entstehenden Gemeinden zu unterstützen. Diese letztgenannten Kontinente empfangen massiv das Wort Gottes und geben es in ihren Emigrationsländern bzw. Kontinenten weiter. So wird Europa, das zurzeit als Emigrationsziel gilt, in die „neue Christentumsbewegung" einbezogen. Diese neue „Missionierung" kommt in Deutschland an und neben den seit Langem dort etablierten Kirchen entstehen die neuen pfingstreligiösen Organisationen (vgl. Hüwelmeier und Krause 2008). Dies führt zu einem Abgrenzungsversuch der religiösen Zugehörigkeit: Wegen ihrer nicht-deutschen Herkunft werden die afrikanischen religiösen Kirchengemeinden manchmal als „Migrantenkirchen" bezeichnet (Hüwelmeier und Krause 2008). „Dieser Begriff erweist sich jedoch als problematisch, weil damit ihr marginaler Status festgeschrieben wird" (Hüwelmeier und Krause 2008).

Hier stellt sich natürlich die Frage nach der gesellschaftlichen Integration. Glick-Schiller et al. (2004) behaupten, dass diese afrikanischen modernistischen Pfingstkirchen eine große und positive Rolle bei der Inkorporation ihrer Mitglieder in Deutschland spielen. Nieswand (2008) ist der Meinung, dass die Inklusion von Mitgliedern der religiösen Immigrantenorganisationen simultan auf nationaler und internationaler Ebene abläuft. Sicher ist, dass der pfingstreligiöse Glaube eine Rolle bei den von Migranten gebildeten zahlreichen „communities" spielt, dass er das Leben der Anhänger sehr beeinflusst und dass er ihre Zukunft stark prägt. Dieser Einfluss wird im nächsten Abschnitt ausführlich erläutert.

Der Glaube bei afrikanischen Migranten in Deutschland

Viele der Autoren, die sich mit dem Zusammenhang von Religion und Migration beschäftigen, sind zu dem Ergebnis gekommen, dass die Religion eine große Rolle im Leben der Migranten spielt und dass die Migration per se zu diesem wichtigen Stellenwert der Religion beiträgt (vgl. Vertovec (2000), Glick-Schiller et al. (2004), Lauser und Weißkörper [Hg.] (2008), Nieswand (2008), Nieswand (2010), Cadge und Howard (2007), Adogame 2010, Hüwelmeier und Krause [Hrsg.] (2010), Levit (2001), Levitt (2003), etc.). Aus diesen zahlreichen Literaturbeiträgen erkennt man, dass die Religion den Migranten u.a. bei der Konstruktion ihrer Identitäten, ihrer Werte, ihrer Bedeutungen und bei der Schaffung ihrer alternativen Zugehörigkeit etc. hilft. Die Rolle, die Bedeutung und die Form der religiösen Gemeinschaften, die sich im Zusammenhang mit Migration bilden, unterscheiden sich je nach der Migrationsgruppe oder -Strömung und auch je nach Glaubensrichtung.

Die Entwicklung der Religiosität der Mitglieder der afrikanischen religiösen Organisationen kann unter der Berücksichtigung vieler Aspekte analysiert werden. Zwei dieser Aspekte helfen, die religiöse Dynamik der Mitglieder dieser Gemeinden besser zu verstehen und ihren Trend zu spüren. Sie beziehen sich zum einen auf die Vergangenheit ihrer Mitglieder und zum anderen auf die unterschiedlichen Generationen innerhalb der Gemeinde.

Wie weiter oben schon gesagt wurde, sind die Mitglieder der Gemeinden überwiegend Migrantinnen und Migranten in Deutschland. Sie sind in ihren Herkunftsländern in traditionellen Kirchen aufgewachsen. Sie haben sich oft sogar stark für die katholischen oder die traditionellen protestantischen Kirchen engagiert und sind regelmäßig zur Kirche gegangen, aber sie waren noch nicht sehr fromm. Ihre Frömmigkeit begann mit ihrer Konversion zum Pfingstglauben, als sie – in ihren Worten – „wiedergeboren" wurden. Für die überwiegende Mehrheit fand die Wiedergeburt in dem Land statt, in das sie immigriert sind. Sie waren mit der katholischen Kirche oder den traditionellen evangelischen Kirchen nicht mehr zufrieden, da diese Kirchen keine Antworten auf ihre Sorgen und Erwartungen zu bieten hatten.

Diese Erwartungen beziehen sich auf ihre Migrationserfahrung. Nachdem sie ihre Familien und Heimatländer verlassen hatten, erlebten sie viele schwierige Situationen. Der zurückgelegte steinige Weg weist bei den verschiedenen Mitgliedern – die hier als „erste Generation" bezeichnet werden – starke Ähnlichkeiten auf. Wie sie selbst sagen, haben sie die Hölle erlebt. Sie mussten viele Jahre lang in totaler Unsicherheit und unter sehr schlechten Umständen leben. Viele haben alle möglichen Asylantragsverfahren – leider ohne Erfolg – durchlaufen und dann jahrelang (zum Teil mehr als 18 Jahre!) „illegal" in Deutschland gelebt. Viele Kinder, die in der „Illegalität" geboren sind, wuchsen mit diesem „illegalen Status" heran und erreichten das Erwachsenenalter in der „Illegalität". Sie lebten im „Ausland" und konnten jederzeit wieder in ihre „Herkunftsländer", die sie nicht mehr als Heimatländer und liebenswürdig ansehen, die die Kinder noch nicht einmal kennen, abgeschoben werden. So haben sie oft nicht in ihren Wohnungen oder in den Asylbewerberunterkünften geschlafen, sondern lebten in der Klandestinität, weil sie Angst vor der Abschiebung hatten und gezwungen waren, vor der Abschiebungsandrohung zu fliehen.

In dieser Situation hat der Gott „ihrer Eltern" oder der traditionellen Kirchen ihnen nicht geholfen. Sie waren einsam und ohnmächtig und brauchten einen Schutz – einen neuen Gott, der ihre Situation versteht und eine bessere Zukunft verspricht. Die Lehre der pfingstlerischen Pastoren vor

Ort – aber auch aus England, Amerika und Australien etc., die durch internationale Fernsehkanäle verbreitet werden – nach der Gott bereit ist, sie zu retten, wenn sie dafür beten, floss sehr leicht in ihre Ohren und erreichte schnell ihre Herzen, Köpfe und Körper. Laut dieser Botschaft können sie gerettet werden. Sie bekamen neue Hoffnung und ihre Zukunft war nun sicher in den Händen des „lieben Gottes". Damit konnten sie auch noch viele Jahre lang auf eine Verbesserung ihrer Lage warten, so lange, wie Gott es eben geplant hat. Aber sie müssen etwas tun, um den Plan Gottes zu verwirklichen. Viele Male am Tag und nachts müssen sie beten, regelmäßig fasten und keine Sünden mehr begehen. Die Erteilung der Aufenthaltserlaubnis durch deutsche Behörden ist, so glauben sie, eine Antwort Gottes und eine Belohnung für ihre Frömmigkeit. Sie ist ein Plan Gottes, aber die Gläubigen sind für die Realisierung dieses Plans selbst verantwortlich.

Zu bemerken ist, dass die „neugeborenen Christen" eine eher lockere Gläubigkeit aufwiesen, als sie noch in den traditionellen Kirchen waren und sie ihre Strenggläubigkeit erst nach dem Wechsel zum Pfingstglauben annahmen. Die Schwierigkeiten, die in der Migration entstehen, wie z. B. die Trennung der Familien, erfolglose Asylprozesse, Sehnsucht nach den Heimatländern, Verlust des ganzen Besitzes durch die Flucht etc. sind auf jeden Fall ein Hintergrund der Suche nach einem Allmächtigen, der anscheinend unlösbare Probleme „lösen" kann. Diese Hoffnungen werden durch die Aussagen von Mitgliedern der Pfingstbewegungen, die keine Migrantinnen und Migranten sind, bekräftigt. Ihre Kinderlosigkeit oder ihre unheilbare Krankheit seien von Gott geheilt worden. Gott habe ihnen in schwierigen Situationen das Leben gerettet, behaupten sie.

Zwischen den Generationen lässt sich ein großer Unterschied in der religiösen Dynamik spüren. Während die Eltern oder die erste Generation in ihren schwersten Zeiten fromm und daher pfingstlerisch geworden sind, sind ihre Kinder aus anderen Gründen Pfingstgläubige geworden. Sie haben ihre Eltern, als sie noch klein waren, zu Gottesdiensten oder Gebeten begleitet und sind so aufgewachsen. Für sie ist ihre Gemeinde kein Ort, an dem man gerettet worden ist, sondern ein Ort, wo es Spaß gibt und wo international und mit mehr Intensität als in deutschen Kirchen getanzt wird. Das ist nicht der Ort, an dem die Sprache ihrer Eltern gesprochen wird, sondern an dem in „europäischen Sprachen" wie Englisch, Französisch und Deutsch gesungen wird. Die Mehrheit der Kinder, die zu afrikanischen Gemeinden gehen, beherrscht die Sprachen ihrer Eltern nicht und zeigt auch kein großes Interesse, diese zu erlernen. Genauso wie für die deutschen Mitglieder genügt ihnen die Übersetzung ins Deutsche, die bei allen Veranstaltungen gemacht wird. Die Lehre ist für sie auch nicht so wichtig, sie gehen sehr selten zu Abendgebeten oder Nachtgebeten, wo es – laut ihrem Empfinden – langweilig ist. Sie sind aber immer dabei, wenn es um die Musikbandprobe oder das Jugendtanzen geht. Ihre Interessen und die Bedeutung der religiöse Organisation und des Glaubens unterscheiden sich von denen ihrer Eltern. Die älteren Leute finden ihren Platz nicht in den von Jugendlichen organisierten Aktivitäten und die Jugendlichen interessieren sich kaum für die von den Erwachsenen – in ihren Augen – altmodisch und langweilig veranstalteten Aktivitäten

Vom Zweifel zum Glauben.
Das versprochene neue Heimatland

Neben der Bedeutung der Religion für die pfingstlerischen Migranten ist es auch interessant, die Bedeutung der Mitgliedschaft in ihren religiösen Organisationen zu verstehen. Die im Heiligen Geist wiedergeborenen Menschen sehen die Gemeinde als ihre große Familie an. Das ist kein Wunder, da viele ihre Familien verlassen oder verloren haben. Sie sind in großen Familien geboren und aufgewachsen, in diesen Familien sind alle füreinander dagewesen. Dann sind sie plötzlich in den kalten Fluss des westlichen Individualismus gesprungen und nun müssen sie darin schwimmen. Sie sind dabei sicher keine guten Schwimmer und um das versprochene Land zu erreichen und dort zu bleiben, brauchen die Migrantinnen und Migranten Unterstützung.

Die pfingstlerischen Organisationen bieten ihren Mitgliedern die Möglichkeit, sich gegenseitig moralisch und materiell zu unterstützen. Für die Mitglieder der Gemeinde bietet ein Bruder oder eine Schwester aus der Gemeinde bereitwilliger diese Unterstützung, als andere Leute, mit denen sie nichts oder nur wenig zu tun haben; oder als ihre Nachbarn, die auf ihre Begrüßung nicht reagieren wollen. Die Behauptungen von gegenseitiger Hilfsbereitschaft werden durch viele Fakten bestätigt. Viele Mitglieder der pfingstlerischen Gruppen haben in den hoffnungslosen Zeiten ihres Aufenthalts in Deutschland verschiedene Hilfen von anderen Gemeindemitgliedern bekommen: Suche nach Rechtsanwälten, Begleichung von Rechnungen, Begleitung zu Gerichten, Übersetzungen bei Behörden und in Krankenhäusern, Besuche in Krankheitsfällen und bei einsamen und isolierten Familien etc.

Die Gemeinde selbst ermöglicht die Treffen ihrer Mitglieder und sorgt daher für die Aufheiterung derjenigen, die sie brauchen. Durch Frauencafés, Agape-Treffen, Partys, Jugendtänze etc. finden die Teilnehmer die Möglichkeit zum Austausch von Informationen und Erfahrungen. Die pfingstlerischen religiösen Organisationen bieten ihren Mitgliedern also einen „offenen Raum", in dem sie sich abseits der vielfach bestehenden Scham – vor allem aufgrund geringeren Sprachvermögens – zutrauen, sich mit Deutschen – den wenigen, die zur Gemeinde gehören – zu unterhalten. Jedes Mitglied der einheimischen Gesellschaft, das zur Gemeinde stößt, wird sehr herzlich begrüßt und hilft den Migranten dabei, sich der deutschen Gesellschaft näher zu fühlen.

Die Bedeutung des Glaubens für die im Heiligen Geist „neu Geborenen"

Die Bedeutung der Religion für viele Migranten, die Mitglieder der pfingstlerischen Organisationen sind, kann mit fünf Worten umschrieben werden: Schicksal, Transformation, Recht, Pflicht und Angst. Auf Basis dieser fünf Begriffe kann man das Leben dieser Pfingstgläubigen in ihrer Umgebung und in ihrer Gesellschaft verstehen und erklären.

Das Angebot komme von Gott selbst – so die Ansicht der Pfingstler – ein Sohn oder eine Tochter von ihm zu sein oder zu werden. Wenn der allmächtige Gott jemanden ausgesucht habe, könne man sich ihm nicht entziehen. Der Gott sei ein Gott des Alltagslebens, der zuhöre, der fühle, der Emotionen habe, der spreche, der verspreche, der seine Versprechen halte, etc.. Durch die Natur, den Kosmos, Ereignisse, Verwandte, verschiedene Botschafter, Pastoren und Nachbarn, etc., kommuniziere Gott mit seinen „Kindern". Für die Gläubigen ist alles in ihrem Leben von Gott geplant worden. Ihre einzige Aufgabe sei es, dies zu akzeptieren. Diese Akzeptanz sei nicht einfach, da der böse Satan viel Energie habe und ständig versuche, die Pläne Gottes zu zerstören. Dadurch müssen die Gläubigen für die von Gott bereits geplante Zukunft kämpfen. Die Zukunft oder – besser gesagt – die Belohnung, hänge vom Resultat dieses Kampfes ab. Die Selbstrettung von einem Kind Gottes hänge also davon ab, ob es den Plan Gottes akzeptiere und ob es den Satan besiege. Für den Sieg müsse der/die werdende Sohn/Tochter Gottes viel beten, fasten, sich von seinen/ihren Sünden verabschieden, etc. Dadurch werde er/sie wiedergeboren. Die Wiedergeburt finde durch die Taufe statt und sie bestätige einen Neuanfang des Lebens.

Dieser Neuanfang bedeute nichts anderes als die Transformation, die unbedingt passieren müsse, wenn man sich entschieden habe, ein Kind Gottes zu werden und den Kampf dafür zu beginnen. Diese Transformation verläuft in zwei Etappen. Der Christ muss zunächst sein Leben komplett verändern. Durch die Aussagen von Pfingstgläubigen erfährt man, dass viele von ihnen in ihrer Vergangenheit zahlreiche schlechte Erfahrungen gemacht haben. Korruption, häusliche Gewalt, Alkoholismus, Prostitution, Drogen, Gewalt, etc. gehörten zu ihrem Alltagsleben vor der Konversion. Diese hätten die Verwirklichung des Planes Gottes immer verhindert, so meinen die Gläubigen. Deswegen müssen sie weitere schlechte Erfahrungen machen: Scheitern im Leben, schlechte Noten in der Schule, gescheiterte Asylverfahren, Gefängnis, etc.. Um aus diesem Teufelskreis auszubrechen, sei eine tiefe Transformation nötig. Das Benehmen, der Charakter, die Beziehungen zu anderen, die Art und Weise des Betens, etc. müssten sich ändern. Nur durch die erste Phase der Transformation könne der Weg zur zweiten Phase führen. Auf dieser zweiten Ebene der Transformation – die als eine Folge oder eine Belohnung für die erfolgreich absolvierte erste Phase gilt – erwartet der Gläubige, dass er aus seiner Transformation einen Nutzen ziehen könne. Seine Erwartungen sind, dass Gott seine Lebensbedingungen verbessere, dass Gott ihn vor Armut, Arbeitslosigkeit und dem Scheitern in der Schule, etc. schütze. Dies führt zu den Rechten der Gläubigen.

Als ein Kind Gottes, das dafür gekämpft habe, den Plan Gottes zu realisieren, habe der Pfingstgläubige Privilegien – so denken die „neu Geborenen". Die von Gott durch den Heiligen Geist geretteten Menschen dürfen eine positive Sanktion für ihre mutige Mitarbeit bei ihrer Selbstrettung erwarten. Die Pfingstchristen glauben, dass sie diese Belohnung schon auf dieser Welt im Alltagsleben, in ihren Familien, in ihren beruflichen Aktivitäten oder weiteren weltlichen Beschäftigungen erhalten werden. Die Belohnung könne also nicht erst nach dem Tod genossen werden, sondern schon nach ihrer Transformation und weiter bis nach dem Tod – im Königreich Gottes. Wenn die Pfingstgläubigen diese Privilegien nicht empfangen, bedeute das nicht, dass es sie nicht gäbe, sondern dass sie sie noch nicht verdient hätten, dass etwas in ihren Beziehungen zu Gott noch fehle und daher verbessert werden müsse. So haben sie nicht nur Rechte sondern auch Pflichten.

Die Pflichten eines Kindes Gottes bestehen laut dem Glauben der Pfingstchristen darin, dass die Beziehung zu Gott ständig gepflegt werden muss. Da die Rettung ein Weg sei, der im Himmel münde, müssen die Gläubigen immer darauf achten, dass sie nicht den falschen Weg gehen. Die Rettung werde auf der Welt nie komplett durchgeführt. Die Gläubigen seien zwar gerettet, aber nicht definitiv gerettet, solange sie noch auf der Welt leben. Sie würden daher in einer freien Knechtschaft der Pflichten leben. Ein Christ sei ein Sklave, der seinem Herrn unermüdlich dienen müsse. Gebete, das Fasten, guter Charakter, gute Verhältnisse, Nächstenliebe und Solidarität, etc. seien der Weg, wodurch diese Pflichten erfüllt würden. Für die Gläubigen seien diese Verpflichtungen die Verantwortung, die sie übernähmen, sobald sie akzeptieren, Kinder Gottes zu werden. Mit diesen Pflichten setzen sich die durch den Heiligen Geist Wiedergeborenen unter Druck. Sie selbst behaupten, dass nicht nur Gott, sondern auch ihre Umgebung mehr von ihnen als von Nicht-Pfingstgläubigen erwarte. Was für die Nicht-Pfingstgläubigen als nicht schlimm angesehen werden könne, sei bei ihnen vielfach ein Skandal. Sie würden moralisch erpresst werden, da von ihnen mehr erwartet und verlangt werde. Diese Erwartung kommt nicht nur von außen, sondern auch von innen, d. h. auch von Mitgliedern der Rettungsgemeinde. So setzt die Gemeinde ihre Mitglieder unter den Druck einer soziale Kontrolle. Diese soziale Überwachung besteht neben der Selbstkontrolle, da die Gläubigen bereits ständig selbst überprüfen, ob sie sich weiterhin auf dem Weg zu Gott befinden. Sie müssen also – so sagen sie – immer für Gott arbeiten und auf Dinge, die Gott zornig machen könnten, verzichten. Die mögliche Wut Gottes wegen einer eventuellen Missachtung der Pflichten versetzt sie in einen dauerhaften Zustand der Angst.

Die Angst ist ein weiterer wichtiger Punkt beim Glauben der im Heiligen Geist geretteten Menschen. Sie stellen sich die folgende Frage: Wie kann man vor jemandem, der das Leben und die Zukunft in seinen Händen hält, keine Angst haben? Die Angst ist also selbstverständlich. Die alten „schmutzigen" Leute, die nach einer Wiedergeburt neue Menschen geworden sind, haben Angst davor, noch einmal „zum Schmutz" zurückzukehren. Eine eventuelle Rückkehr führe, so glauben sie, zur Störung der Realisierung von Gottes Plan, zum Verlust der gewonnenen Privilegien, zu neuem Pech und Unglück und letztendlich zum Verlust des versprochenen Himmelreichs. Obwohl die Angst vor Gott und die Liebe zu ihm die gleiche Rolle bei der Frömmigkeit der Mitglieder der Gemeinde spielen, hat die Angst größeres Gewicht: Die Angst vor Gott ist präsenter als die Liebe zu ihm.

Vom Geist zum Material: Das versprochene Land

Die überwiegende Mehrzahl der Mitglieder afrikanischer Pfingstorganisationen sind „frische" Migrantinnen und Migranten, die seit den 1990er Jahren nach Deutschland immigriert sind. Wie oben erwähnt wurde, ist der Weg für viele von ihnen – wenn nicht sogar für alle – zu ihrem Empfangsland nicht leicht gewesen. Dieser Weg war viel steiniger, als sich die zukünftigen Migrantinnen und Migranten dies in ihren Ursprungsländern vorgestellt hatten. Aber durch die Schwierigkeiten – so meinen die Mitglieder der religiöse Migrantenorganisationen – zeige Gott sein Gesicht und verspreche ihnen, dass sie dauerhaft in dieser neuen Heimat leben würden. Die Erteilung der Aufenthaltserlaubnis durch deutsche Behörden wird als Intervention Gottes interpretiert.

Es ist immer wichtig – wenn man sich mit dem Glauben der Pfingstchristen beschäftigt – sich daran zu erinnern, dass sie an das Schicksal glauben oder anders gesagt an den vorgeplanten Weg, der aber bis zum Ende durchlaufen werden muss und auf dem viele Schwierigkeiten zu überwinden sind. Das Erhalten des Aufenthaltstitels in Deutschland wird also von den Pfingstgläubigen als Antwort vom „versprechenden" Gott auf viele Gebete und ein gutes Verhalten angesehen. Viele pfingstlerische Migranten glauben, dass ihr erfolgreiches Dasein und die Zukunft im neuen Land davon abhängen, ob sie weiter beten und sich weiter gut benehmen. In Deutschland zu sein und zu bleiben, sei ein Plan Gottes. Die Verwirklichung dieses Plans werde niemals gestört werden, solange die Gläubigen in guter und starker Beziehung mit dem Allmächtigen blieben. Deutschland sei ihr von Gott versprochenes Land. Dank Gott würden sie dort bleiben und zu dieser neuen Heimat gehören.

Diejenigen, denen der Aufenthaltstitel noch nicht erteilt worden ist, glauben, dass Gott irgendwann ihren schönen Plan verwirklichen werde. Sie interpretieren das lang andauernde Asylverfahren als ein Zeichen dafür, dass Gott wolle, dass sie in dem neuen Land bleiben, aber auch noch daran und dafür arbeiten müssen. Sie müssten also ihre Beziehung zu Gott pflegen und verbessern, da bisher noch etwas in diesem Verhältnis fehle. Diejenigen, deren Asylverfahren ohne Erfolg abgeschlossen worden ist, die jedoch eine Duldung besitzen, glauben, dass es noch eine Chance gibt, dass der gute Plan Gottes realisiert werde. Ihre Hoffnung besteht darin, dass andere Migrantinnen und Migranten, die keine Kinder Gottes sind und deren Asylverfahren komplett scheiterten, schon in ihre Heimatländer abgeschoben wurden. Dass sie noch in Deutschland sind, sei ein gutes Zeichen für die Verwirklichung des Planes Gottes, die nicht immer schnell geschehe. Wenn es lange dauert, bis sie eine Aufenthaltserlaubnis erhalten, wird dies nicht als Zeichen der Abwendung Gottes interpretiert, sondern als Zeichen dafür, dass sie u. a. viele schlechte und schlimme Dinge vor ihrer Transformation getan haben. Dadurch sei der Plan Gottes so sehr beschädigt worden, dass die Wiedergutmachung entsprechend lange dauere. Sie wollen nichts davon hören, dass sie irgendwann in ihre Heimatländer abgeschoben werden könnten. Dass sie immer noch in Europa bzw. in Deutschland sind, sei schon ein Beweis dafür, dass der Plan Gottes in Gang gebracht wurde.

Viele pfingstlerische Migranten und Migrantinnen leben also in der Überzeugung, dass sie in Deutschland leben dürfen, weil dieses Land ihnen von Gott versprochen worden sei. Dies gilt sowohl für diejenigen, die schon über die deutsche Staatsangehörigkeit verfügen, als auch für diejenigen, die eine Duldung besitzen. Der Pfingstglaube ist als Basis der Widerstandsfähigkeit anzusehen. Er ist eine Quelle der Geduld und der psychischen Kraft für die Menschen, die von Unsicherheit und Perspektivlosigkeit tief betroffen sind. Er hilft ihnen dabei, ihre Hoffnung nicht aufzugeben. Durch den Pfingstglauben sind die „Ausländerinnen und Ausländer" davon überzeugt, dass sie dem neuen Land angehören. So hat ihre gesellschaftliche Integration „in ihren Köpfen, in ihrer Seele und ihren Herzen" schon begonnen.

Fazit: Welche Zukunft?

Wenn man von der „Richtung" des Glaubens und den Vorstellungen der Mitglieder der pfingstreligiösen Organisationen spricht, sollte man die Situation in der dieser Glaube entstanden ist und in der er sich entwickelt nicht außer Acht lassen. Es ist deutlich zu bemerken, dass Pfingstorganisationen oft in schweren Zeiten entstehen, sowohl in USA, in Afrika als auch in Deutschland. Hierzulande steht die Entstehung dieser Organisationen mit den Migrations- und Asylrealitäten in Zusammenhang. Die unsichere Situation, in der sich Migranten befinden, solange sie nicht wissen, ob sie in Deutschland bleiben dürfen oder abgeschoben werden, steht an erster Stelle der Liste der Schwierigkeiten, die von Migranten erlebt werden. Diese schwierigen Zeiten werden aber nicht mit dem Besitz einer Aufenthaltserlaubnis beendet: Die Mitglieder der religiösen Organisation teilten mit, dass sie z. B. trotz einer Aufenthaltsgenehmigung mit schlechten Arbeitsbedingungen konfrontiert sind. In dieser Situation brauchen sie nicht mehr den Gott, der ihnen die Aufenthaltserlaubnis verspricht, sondern einen, der ihre Arbeits- und Lebensbedingungen verbessert. Die zukünftige sozio-ökonomische Situation der Mitglieder der pfingstlerischen religiösen Gruppen wird ihre religiöse Dynamik überwiegend determinieren.

Die pfingstlerischen religiösen Gemeinden der Migranten befinden sich also in einer Übergangsphase. Wenn die Bedingungen – in denen die religiösen Migrantenorganisationen entstanden sind und aus denen sie sich entwickelt haben – nicht mehr existieren, können diese Organisationen sich einfach auflösen oder sich zu deutschen Gemeinden entwickeln, die ihren vollen Platz in der deutschen Gesellschaften haben. Sie können aber auch zu Gemeinden der deutschen Unterschicht werden, wenn die Bedingungen – in denen sie entstanden sind – weiterhin bestehen und die Mitglieder sich deutsch fühlen. Mit deutschen Gemeinden sind religiöse Organisationen gemeint, zu denen jeder in Deutschland gehen kann, allerdings ohne eine besondere Erwartung an überirdische Hilfe wie z. B. die Verbesserung des Alltagslebens. Mit Gemeinden der Unterschicht sind religiöse Organisationen gemeint, die von Menschen in schlechten Sozial- und Lebensbedingungen besucht werden und deren Mitglieder erwarten, dass Gott ihre Situation verbessert oder in ihrem Alltagsleben interveniert. Diese Organisationen werden irgendwann nicht mehr als „Migrantenorganisationen" angesehen, weil sich Einheimische aus der Unterschicht anschließen werden. Die religiösen Pfingstorganisationen entwickeln sich also von afrikanischen religiösen Gruppen über Gemeinden der Migranten zu Gemeinden der deutschen Unterschicht oder einfach zu deutschen religiöse Gemeinden.

Literatur

Adogame, Afe (2010). From House Cells to Warehouse Churches? Christian Church Outreach Mission International in Translocal Contexts. In Hüwelmeier und Krause [Hg.] (2010). Traveling spirits. Migrants, Markets and Mobilities. Routledge :New York / London. S. 165-185.

Cadge,Wendy und Howard Ecklund, Elaine (2007). Immigration and Soziologie. In Annual Review of Soziology. 2007. 33. S. 359-379

Durkheim, Emile (1915). The Elementary Forms of the Religious life. London: Allen and Unwin.

Esser, Hartmut (2000). Soziologie. Spezielle Grundlagen. Band 2: Die Konstruktion der Gesellschaft. Campus Verlag, Frankfurt a.M.

Glick-Schiller, Nina et al. (2004). Pathway of Migrant Incorporation in Germany. In Transit 1 (1), Departement of Germany. UC Berkley :UCB.

Hamilton, B. Malcolm (1995). The sociology of Religion. Theoretical and comparative Perspectives. London: Routledge.

Hüwelmeier und Krause [Hg.] (2010).Traveling spirits. Migrants, Markets and Mobilities. Routledge:New York / London.

Lauser und Weißkörper [Hg.] (2008). Migration und religiöse Dynamik. Ethnographische Religionsforschung im transnationalen Kontext. Transkript Verlag, Bielefeld.

Levitt, Peggy (2001). Between God, Ethnicity, and country: An Approach to the study of transnational Religion. Princeton University.

Levitt, Peggy (2003). You know, Abraham was really the first immigrant. Religion and transnational migration. In International Migration Review. Vol.37, Nr. 3, Transnational Migration: International perspectives, S. 847-873

Nieswand, Doris (2008). Wege aus dem Dilemma zwischen Transnationalismus und Integrationsansatz. Simultane Inklusion von Migranten initiierten charismatischen Gemeinden in Berlin. In Lauser und Weißkörper [Hg.] (2008). Migration und religiöse Dynamik. Ethnographische Religionsforschung im transnationalen Kontext. Transkript Verlag, Bielefeld, S. 35-52

Nieswand, Boris (2010): "Enacted Destiny. West African Charismatic Christians in Berlin and the Immanence of God", In Journal of Religion in Africa 40.1., 33-59

O'Dea, Thomas (1966). The sociology of Religion. Prentice Hall, Englewood Cliffs, NJ

Schrupp, Antje (2006). Der Heilige Geist in der Hanauer Turnhalle. Afrikanische Gemeinden im Rhein-Main-Gebiet. (heruntergeladen am 04.05.2012):
http://www.antjeschrupp.de/afrikanische-gemeinden
Schrupp, Antje (1997). Im Namen des Heiligens Geistes. Die Pfingstkirchen erobern die Dritte Welt.
http://www.antjeschrupp.de/pfingstkirchen
(heruntergeladen am 05.05.2012).

Simon, Benjamin (2003). Afrikanische Kirchen in Deutschland. Otto Lembeck: Frankfurt a. M.

Trotha, Trutz von (2006). Perspektiven der politischen Soziologie. In: Soziologie. Forum der Deutschen Gesellschaft für Soziologie Nr.35, 2006. S.283-302.

Vertovec, Steven (2000). Religion and Diaspora. Paper presented at the conference on „NeLandscape of Religion in the West. School of Geography and the Environment, University of Oxford, 27-29 September 2000.

Weber, Max (2002). L'éthique protestante et l'esprit du capitalisme. Traduction de l'allemand, introduction et notes par Isabelle Kalinowski. Flammarion: Champs Classiques.

Über den Autor:

Emmanuel Ndahayo

Ich bin in Ruanda am 16.11.1974 geboren. Aus politischen Gründen musste ich mein ehemaliges Heimatland verlassen und nach Deutschland fliehen. Hier lebe ich seit Dezember 2004 und ich wurde als Flüchtling nach der Genfer Konvention anerkannt. Ich besitze einen Master-Abschluss in vergleichenden Sozialwissenschaften und beschäftige mich seit mehreren Jahren mit den Themen der Migration und der gesellschaftlichen Integration. Außerdem interessiere ich mich für die Entwicklungspolitik und die Nord-Süd-Beziehungen.

Inner City Blues
Acryl und Collage auf Leinwand, 60x50cm, 2009

Maria-Jolanda Boselli
- erzählt von Gezim und Floransa Krasniqi

„Auf der Höhe von Salzburg fange ich wieder an zu atmen"

„Uns ging es immer gut. In der Schule habe ich schon die anderen Kinder gesehen, die Flicken auf ihren Hosen hatten und nichts zu essen dabei für die Pause. Daran habe ich gemerkt, dass wir mehr Geld hatten. Weil mein Vater in Deutschland gearbeitet hat und uns immer das Geld nach Hause geschickt hat. Aber der Vater von Floransa, das war der Reichste in der Gegend. Der hatte sogar mehr Geld als mein Vater. Weil er für die Serben gearbeitet hat."

Gezim Krasniqi sitzt auf der roten Samtcouch, vor sich ein Stück Apfelkuchen, gekauft, nicht selbst gebacken, und einen Cappuccino. Alles blitzt vor Sauberkeit. Nirgends liegt etwas herum, nicht einmal im rosa tapezierten Zimmer der beiden älteren Töchter. Alles hat seinen Platz. Die helle Schrankwand, der Computer. Seine Frau Floransa spielt gedankenverloren mit dem Kuchenstück auf ihrem Teller. Sie spricht in kurzen Sätzen, mit Pausen, in denen sie die Worte sortiert. „Mein Vater hatte eine gute Arbeit. Wir Kinder waren alle auf dem Gymnasium. Ich bin gerne in die Schule gegangen. Ich wusste schon, was ich später werden wollte. Ich wollte Biologie studieren. Das war mein größter Wunsch", erinnert sie sich. Ihr Vater war Abteilungsleiter in einem Werk des Automobilherstellers Zastava in Peje. Und verdiente dort sogar mehr als Gezims Vater, der in München beim Haus- und Kanalbau beschäftigt war. „Durch das Arbeitsabkommen zwischen Jugoslawien und Deutschland kamen nach dem Zweiten Weltkrieg viele Kroaten, Bosnier und Serben als Gastarbeiter nach Deutschland", erzählt Gezim. „Als letzte ließ Tito auch die Kosova gehen. Mein Vater war damals, Anfang der 1970er-Jahre, gerade beim Militär. Ein Nachbar erfuhr, dass wieder ein Arbeitertransport nach Deutschland geplant war und schrieb meinen Vater einfach in die Liste ein. Dann rief er ihn an: „Du musst gleich nach Hause kommen. Du gehst nach Deutschland". Gezim lächelt. „So war das damals. Mein Vater wurde nicht einmal gefragt. Er wurde einfach geschickt."

Zuerst kam der Vater nach Hannover, dann nach München. Zusammen mit anderen Gastarbeitern aus Italien, Griechenland, vor allem aber aus Jugoslawien, baute er Kanäle. Und die U-Bahn. „Wenn wir heute am Olympiapark vorbeifahren, erzählt mir mein Vater jedes Mal wie das aussah, als alles noch eine große Wiese war, mit einem Schuttberg in der Mitte." Bei einem seiner Heimaturlaube heiratete Gezims Vater. Und brachte 1992 seinen ältesten Sohn, Gezim, mit nach Deutschland. „Familienzuzug ging ja auch damals nur bis zum 16. Lebensjahr. Danach hätte ich nicht mehr hierher kommen dürfen." Kurz darauf folgten die Mutter und die Geschwister.

Seit Beginn der 1990er-Jahre wird der Balkan erschüttert von den Unruhen nach dem Zusammenbruch von Titos geeintem Jugoslawien. „Unsere Welt war ein Pulverfass geworden und wir warteten alle darauf, dass sie jeden Moment explodierte." Gezim hatte in Peje eine Ausbildung als Kfz-Mechaniker begonnen. Aber in München geht er lieber gleich arbeiten, als weiter die Schulbank zu drücken. Sein Vater ist inzwischen bei BMW, und auch er bekommt dort sofort eine Anstellung. „In den Ferien sind wir immer in den Kosovo gefahren. Mit Floransa war ich schon in der

Schule befreundet. 1995 haben wir uns dann verlobt. Seit Anfang der neunziger Jahre hatten die Serben systematisch begonnen, die Albaner auszubooten. In den Schulen wurde bald nur noch Serbisch unterrichtet. Wer das nicht wollte, dem blieben nur die Schulen im Untergrund." Auch Floransa verlässt die serbische Schule und geht monatelang täglich zum Unterricht in ein Klassenzimmer im Keller eines Wohnhauses. „Wir gingen immer einzeln rein, nie zusammen. Es durfte niemand wissen, dass wir unterrichtet wurden. Im Keller saßen wir alle auf dem Boden, es war eng und unbequem, wir hatten nicht genug Bücher, dafür aber ständig Angst, dass die Serben uns entdecken." Zu diesem Zeitpunkt hat Floransas Vater längst seinen Posten bei Zastava verloren. Er hat bis heute keine Arbeit mehr bekommen und wird von seinen Kindern unterstützt. „Als die Unruhen und die Unterdrückung immer schlimmer wurden, wollten alle Familien nur noch eines: ihre Kinder vor dem drohenden Krieg schützen." Also versuchen sie, die Töchter zu verheiraten, nach Möglichkeit ins Ausland, und die Söhne wegzuschicken – illegal und mit Schleppern über die grüne Grenze nach Österreich und dann weiter, so weit, wie es das Geld erlaubt. Floransas Schwester reist zu ihrem Verlobten nach Amerika, begleitet von zwei Brüdern. Nach der legalen Einreise mit einem Touristenvisum nach Kanada schlagen sie sich über die grüne Grenze in die USA durch. Zwei Jahre leben sie als Illegale, dann bekommen sie die Green Card. Die Schwester heiratet. Die beiden Brüder arbeiten bis heute als Pizzabäcker. „Das ist so in Amerika. Hast du keinen Schulabschluss, bist du Pizzabäcker für immer", sagt Floransa. „Meine Brüder waren wie ich auf dem Gymnasium und noch nicht fertig mit der Schule. Einer von ihnen hat eine Kosovarin geheiratet, die schon in New York geboren ist. Das ist nicht einfach für meinen Bruder. Er ist Pizzabäcker, seine Frau managt ein Museum für Kriegsschiffe."

Als sich Mitte der neunziger Jahre die Konflikte zwischen Albanern und Serben zuspitzen und sich der albanische

Widerstand in der „Befreiungsarmee UCK" zu formieren beginnt, beschließen Floransas Eltern, ihre Tochter nach Deutschland zu ihrem Verlobten zu schicken. Die albanische Bevölkerungsmehrheit ist von den Serben praktisch vollständig aus dem öffentlichen Leben verdrängt worden, die Verfolgung nimmt dramatisch zu, keiner ist vor willkürlichen Übergriffen sicher. Die Ausreise gleicht einer Flucht. „Wir hatten unheimliches Glück", erzählt Gezim und schüttelt den Kopf. Auf dem roten Sofa, mit Kuchen und Cappuccino, erscheinen die Erlebnisse von damals unwirklich. „Meine Eltern haben sich einfach den deutschen Pass einer albanischen Verwandten ausgeliehen, sind damit nach Peje gefahren und haben Floransa mit diesem Pass nach Deutschland gebracht. Sie sah dem Mädchen auf dem Foto nicht einmal besonders ähnlich." „Wenn wir an eine Grenze kamen, musste ich so tun, als würde ich schlafen. Es durfte ja keiner merken, dass ich kein Deutsch konnte", erinnert sich Floransa. Aber die Grenzbeamten schienen sich nicht sonderlich für die Insassen des Reisebusses zu interessieren. „Sogar während des Krieges konnten wir immer wieder in den Kosovo fahren. Auch Leute mit Duldung wurden über die Grenzen gelassen. In Deutschland sagten sie, dass sie Freunde in Österreich besuchen wollten, in Österreich wurden sie eh durchgelassen. Und dann kamen sie ohne Probleme wieder zurück." Unvorstellbar, eigentlich. „Die Erklärung ist ganz einfach", sagt Gezim. „Im Grunde hat sich eben niemand für uns interessiert. Sollen sie sich doch die Köpfe einschlagen im Balkan, haben die Europäer gedacht. Und auch die Amerikaner. Bei uns war halt nichts zu holen, außer Ärger mit den Russen. Kein Erdöl, kein Gold. Ob wir leben oder sterben – das war den Politikern doch ganz egal. Erst, als die Massaker unübersehbar waren, griffen die Westmächte ein. Viel zu spät", sagt Gezim. Und: „Es ist schwer, das zu verstehen. Aber passiert nicht in Syrien gerade etwas Ähnliches?"

Floransa wird zunächst zu Gezims Tante nach Stuttgart gebracht. In Baden-Württemberg bekommen Kosovaren ohne Asylverfahren gleich eine Duldung, begrenzt für die Dauer der kriegerischen Unruhen. „Aber die sind alle heute noch hier. Sie haben eine Arbeit gefunden, haben erst unbefristeten Aufenthalt bekommen und dann die deutsche Staatsangehörigkeit", weiß Gezim. Floransa bleibt natürlich nicht in Stuttgart, sondern zieht zu Gezim und seiner Familie. Sie belegt Deutschkurse, lernt schnell und gut. Das Diplom hebt sie in einem Aktenordner auf. Wahrscheinlich wäre dort auch ihr Abiturzeugnis abgeheftet, wenn sie die Möglichkeit gehabt hätte, es zu machen. Als sie 18 wird heiraten die beiden. „Ein Jahr später, 1997, wird Dafina geboren, 2000 dann Delfina. Und vor zwei Jahren Fiona.

Delfina und Fiona haben von Geburt an die deutsche Staatsbürgerschaft. Wir haben sie in diesem Jahr beantragt und den Test gemacht. Jetzt sind wir eine deutsche Familie." Floransa lacht. Der Test war nicht einfach. Sie haben sich intensiv darauf vorbereitet, und Floransa hatte Angst, an der Sprache zu scheitern. Wegen der Kinder war sie fast nur zu Hause, im Gegensatz zu ihrem Mann, der seit Jahrzehnten mit Deutschen zusammenarbeitet. „Aber ich war besser als er!", sagt sie stolz. Sie hat schon immer gerne gelernt. Sie könnte versuchen, ihr Abitur nachzuholen und zu studieren. Biologie. „Aber ich habe keine Kraft mehr", sagt sie. Stattdessen arbeitet sie stundenweise als Haushaltshilfe. Vor Fionas Geburt hatte sie einen Halbtagsjob an der Kasse. Doch seit der Entbindung leidet sie unter Depressionen. Von einer Weiterbildung kann sie momentan nur träumen. „Vielleicht später, wenn Fiona in die Schule geht. Die Kleine lernt schnell. Sie kommt jeden Tag mit neuen Wörtern nach Hause. Papa, es ist ein kalter Wind, hat sie gestern gesagt." Floransa ist stolz darauf, wie ihre jüngste Tochter Deutsch spricht.

Und die beiden Großen? Haben sie ein Zuhause gefunden in dem Land, in dem sie geboren sind? Dafina muss nicht lange darüber nachdenken, wo es ihr besser gefällt. „Im Kosovo. Da bin ich viel freier als hier. Ich bin den ganzen Tag mit meinen Cousinen unterwegs, wir gehen shoppen oder hängen einfach so rum. Alles ist viel gechillter da unten." Floransa wirft ihrer Tochter einen raschen Blick zu, dunkel und mit einem Gemisch aus Angst und Missbilligung. Sie, die Ruhige, Beherrschte, spricht plötzlich schnell und laut: „Du bist ja nur in den Ferien unten. Genau wie deine Cousinen. Was würdest du machen, wenn du immer dort leben müsstest? Was würdest du arbeiten?" Dafina lächelt mit dem Privileg der Jugend, alles besser zu wissen, auch das Unbekannte. „Hier können wir nie raus. Das Wetter ist oft schlecht, im Kosovo gibt's Meer und Strand und es ist schön warm." Delfina ist der gleichen Meinung. Sie ist in der vierten Klasse, würde gerne aufs Gymnasium gehen, ist sich aber nicht sicher, ob sie intelligent genug dafür ist. Ihr Deutsch ist akzentfrei, ihre Sprache ausdrucksstark. Trotzdem fehlt es ihr an Selbstvertrauen. Anders Dafina, die große Schwester. Die Vierzehnjährige hat sich von den mütterlichen Zukunftsträumen abgenabelt und ihren eigenen Weg gefunden. Nach dem Quali wird sie eine Ausbildung in einer Apotheke anfangen. Gleich die erste Bewerbung war erfolgreich. Und irgendwie hat dieser Beruf ja auch etwas mit Biologie zu tun. Trotzdem. München, Deutschland, das ist für sie nur die „zweite Wahl".

Während ihre Töchter vom Kosovo träumen, können sich Gezim und Floransa nicht vorstellen, jemals wieder nach Peje zurückzukehren. „Wenn die Schwiegereltern tot sind, werden wir nicht mehr runterfahren. Das Kosovo ist für mich Vergangenheit. Vor allem jetzt, wo der Islam immer mehr Fuß fasst." Jeden Sommer sieht Gezim mehr Männer aus seinem Dorf, die plötzlich lange Bärte tragen. Frauen mit Kopftuch oder Burka. „Es ist das Geld, das sie dazu bringt, ihr Verhalten zu verändern. Früher waren wir zwar alle Muslime, aber keiner wurde zu etwas gezwungen. Mein Großvater war ein gläubiger und praktizierender Moslem. Aber von uns hat er nur verlangt, dass wir lernen und in der Schule erfolgreich sind. Damit wir eine gute Zukunft vor uns haben, hat er gesagt. Heute kommen die Araber in den Kosovo und bringen viel Geld in die Gemeinden. Aber der neue Wohlstand ist teuer erkauft, denn dafür müssen Moscheen gebaut werden und die Menschen müssen sich der Scharia unterwerfen. Vor allem für die Frauen ist das ein Rückschritt." Auf diese Weise schreitet der Islam voran. Die Folge ist eine Radikalisierung der Bevölkerung, die Gezim mit Sorge erfüllt. „Ein Freund hat mir erzählt, dass er in seinem Dorf, in dem er von Geburt an jeden kennt, plötzlich den Frauen seiner Freunde nicht mehr die Hand geben darf. Er hat sich so darüber geärgert, er hat gesagt, er fährt nie wieder hin."

Gezim hat nichts mehr, was ihn in seiner alten Heimat hält. Seine Eltern und Geschwister leben alle in München. „Wir fahren nur wegen Floransas Eltern nach Peje", betont er. Ihre Schwester und ihr Bruder in New York haben immer wieder versucht, die Eltern zum Übersiedeln zu bewegen. Umsonst. „Mein Vater hat nie wieder eine Arbeit bekommen. Wenn wir ihn nicht alle unterstützen würden, könnten die Eltern nicht überleben." Nur zwei der sechs Geschwister sind im Kosovo geblieben. Ein Bruder, der sich um die Eltern kümmern muss. Und eine Schwester. „Ihr Mann kam während des Krieges nach München. Um eine Aufenthaltserlaubnis zu bekommen, hat er eine deutsche Frau geheiratet – natürlich hat er ihr nichts von seiner Familie im Kosovo erzählt! Dann haben wir die Schwester überredet, auch zu kommen. Sie hat mit den Kindern in der Asylbewerberunterkunft in Allach gewohnt. Sie hätte ohne Probleme hierbleiben können. Aber ihr Mann hat sie nur ein, zwei Mal im Heim besucht, hat noch ein Kind gezeugt und sie dann überredet, zurückzugehen. Sie sitzt bis heute in Peje und wartet darauf, dass er zu ihr zurückkommt. Und seine deutsche Frau hier hat keine Ahnung und denkt, er ist ganz allein ohne Familie."

Nein, das ist nicht das Leben, das Gezim und Floransa führen wollen. Sie wollen ein Haus mit Garten kaufen oder eine Wohnung, die groß genug ist für alle, in der jede Tochter ihr eigenes Zimmer hat. Und dann vielleicht einen Hund. Und ein Klavier. Sie haben sich eingerichtet in München. Sie haben ihren Frieden gefunden und eine neue, sichere Heimat. Jetzt wollen sie ihr Leben genießen. „Wenn wir nach sechs Wochen Sommerurlaub im Kosovo auf der Rückfahrt an Salzburg vorbeifahren, fangen wir zum ersten Mal wieder an, frei zu atmen", sagt Gezim. Und Floransa nickt. Und zeigt behutsam ein kleines, aber festes Lächeln. „Dann sind sie endlich wieder daheim".

Über die Erzähler:

Gezim und Floransa

Gezim kam 1992 nach München, wo sein Vater seit den frühen 1970er Jahren arbeitete. 1995 holte er Floransa aus dem Kosovo, in dem die Serben die Bevölkerung zunehmend unterdrückten. 1996, Floransa ist 18, heiraten die beiden und ziehen in eine gemeinsame Wohnung in München. 1997 wird Dafina geboren, 2000 Delfina, 2007 Fiona, die jüngste Tochter. 2010 haben die beiden die deutsche Staatsbürgerschaft beantragt, jetzt können sie ihre Pässe abholen. In diesem Sommer war Gezim zum ersten Mal in den Ferien nicht mehr im Kosovo. Floransa und die Kinder sind allein geflogen und nur 14 Tage geblieben. "Unsere Heimat ist jetzt hier", sagen die beiden. "Wir sind eine deutsche Familie mit ausländischen Wurzeln".

Gezim und Floransa Krasniqi haben im Sommer 2010 den Einbürgerungstest bestanden.

Maria-Jolanda Boselli
  - erzählt von Katarina

Verlier den Himmel nicht, Katarina!

Katarina hebt den Blick. Einen Zentimeter über dem Horizont des schmutzigweißen, ungelenk beschriebenen Blattes beginnt eine gelbe Unendlichkeit. Reife Ähren wogen im Spätsommerwind, tanzen sanfte Hügel hinab, werfen goldene Schatten auf kleeschwere Weiden. Keine Hecken, kein Zaun. Zwischen Himmel und Erde nur die fließende Grenze der Bracht mit ihrem üppigen Saum aus Holunderbüschen. Katarinas Haus steht mitten im Acker, links und rechts Wiesen, die Blumenbeete klettern ungehemmt Richtung Maisfeld und setzen mohnrote Tupfen in den Wald aus mannshohen Stangen. Für die einen ist das die maßlose Öde, Sackgasse am Rand der modernen Zivilisation ohne Bäcker, Baumarkt und Autowasch-Center. Sie verlassen ihr Dorf, Haus und Hof. Für Katarina ist das die Heimat, grenzenlos sichere Freiheit, Hafen am Ende einer end- und ausweglos erschienenen Flucht.

Soll jetzt alles wieder von vorne anfangen? Vor ihren Augen wirbeln gelbe Hügel, grüne Weiden und der wolkengesträhnte Himmel im Sturm einer ungewollten Erinnerung. Bis ihr Blick gegen eine hohe Mauer prallt. Der Friedhof von Posen. Von ihrem Fenster im dritten Stock in der Plattenbausiedlung konnte sie gerade so über die Mauer schauen. Bröckelnder Backstein gab die Sicht frei auf Reihen schmuckloser

Gräber. Auf jedem flackerte ein Lebenslicht. Wie passend, den Toten zu leuchten, denn die Lebenden sahen hier schon lange nicht mehr klar. Der Osten war in Auflösung, doch von Aufbruchstimmung war wenig zu spüren. Geld und Arbeit waren Mangelware und ständiges Thema am Esstisch der Familie. Das alles wäre erträglich gewesen ohne den Jähzorn des Vaters. Ein kleiner Funken und ein Gläschen Wodka genügten, um seine Wut zu entfachen. Sie richtete sich gegen die Mutter, das verkochte Gemüse, den staubigen Flur, die ungebügelte Wäsche, die schlechten Noten der Schwester. Aber die Mutter war schnell und verschanzte sich auf dem kleinen Balkon. So kassierte Katarina die Prügel. Trotzdem oder gerade deshalb war sie eine gute Schülerin. Sie hatte einen Wunsch. Nie wieder auf die Mauer aus bröckelndem Backstein schauen, ihr Lebenstraum sollte nicht auf diesem Friedhof begraben sein. Sie hatte einen Plan. Hielt es zu Hause nicht mehr aus. Die Schwester war vor dem Vater auf die Straße geflohen, in Drogen und Prostitution. Katarina nahm einen anderen Weg. Sie schaute ein letztes Mal auf den Friedhof, dann packte sie ihre Tasche und ging.

Sie war fünfzehn, als sie die muffige Plattenbausiedlung hinter sich ließ und sich in der Fachschule für Pflegekräfte einschrieb. Als Interne. Das Schulgeld finanzierte sie durch Flohmarktbesuche in Westberlin. Jeden Samstag morgens um fünf fuhr sie los, passierte am Checkpoint Charly die Grenze. Und graste die Flohmärkte ab, Straße des 17. Juni und Bülowplatz. Mit der Ausbeute – Gürtel, Ohrringe, knallbunte Fummel – trieb sie im Internat einen florierenden Handel. „Ich hätte mich wahrscheinlich sogar selbst verkauft", denkt Katarina oft. „Ich hätte alles getan, um nicht mehr nach Hause zu müssen. Dem Vater nie mehr in die Augen zu schauen."

Und jetzt? War das alles umsonst gewesen? Mechanisch reibt sie das dünne Briefpapier zwischen den Fingern. Nur mit einer großen Anstrengung gelingt es ihr, den Blick zurückzuholen aus der Vergangenheit. Eine feuchte Hundeschnauze schiebt sich an ihr nacktes Knie. Henry schaut sie aus dunklen Setteraugen an, rote Locken kitzeln ihre Beine, als er seine Ohren schüttelt, hungrig nach Aufmerksamkeit und einem Hundekuchen. Henry sieht genau so aus, wie sie ihn sich vorgestellt hat, auf dem schmalen Bett im Kinderzimmer neben der Schwester. Ein Hund mit seidenweichem Fell, um den Kopf darin zu vergraben, wenn die Tränen zu stark brennen. Sie krault ihn unterm Kinn und er schließt genussvoll die Augen. Auf den Hund gekommen, sagen die Deutschen und meinen damit eine ausweglose Situation. Wenn die wüssten, wie gut es ihr geht, seit sie „auf Henry gekommen" ist!

Ein Hund, ein Haus, eine richtige Familie. Und ein Beruf, den sie liebt. Dem Vater, dem Plattenbau, der Mutter, dem Sozialismus und der ganzen Welt zum Trotz. Das war ihr Plan.

„Wie naiv." Katarina legt ihre Stirn auf Henrys Kopf, er riecht ganz leicht nach Verwesung und Erde, aber lebendig, nicht so, wie es damals in den Krankenhaus-Korridoren von Kamien Pomorski stank.

Medizin wollte sie studieren. Weiter als bis zur Krankenschwester in diesem verlassenen Kaff am Meer hatte sie es nicht geschafft. Gestrandet auf der Flucht vor dem Vater, der ihr Leben bestimmen wollte, zerstören wollte, schob sie die Rückkehr nach Posen vor sich her. Aus einem Praktikumsjahr wurden zwei, dann drei. Den ganzen Tag arbeitete sie mit mürrischen Kolleginnen und herrischen Ärzten und dann reichte das Geld kaum für ein schäbiges Hotelzimmer, das sie sich mit Aleksa teilte, ihrer einzigen Freundin. Zwei knarrende Betten, ein dreibeiniger Tisch vor einer entjungferten Blümchentapete. Ein Hund, ein Haus, eine richtige Familie! Nicht mal für einen Mann reichte es. Arbeiten, schlafen, essen. Nach drei Jahren war Katarina um viele Illusionen ärmer und um zehn Kilo dicker.

An einem nebligen Morgen im September 1993 richtete sich Katarina auf ihrem durchgelegenen Hotelbett auf und starrte durch das halbblinde Fenster an die Kaimauer gegenüber. Der erste Herbststurm räkelte sich auf dem Meeresgrund, spuckte weißen Schaum über die Brüstung bis auf die Promenade. Salzige Algen malten ein schmutziges Grün auf den grauen Beton. Nur eine Katze schlenderte verwahrlost am Alltag vorbei. Kein Hund weit und breit. Da beschloss Katarina, auch diese Mauer zu überwinden. Packte ihre Sachen – und ging.

Unentschlossen dreht sie den Umschlag, hält ihn gegen das Abendlicht, sucht nach einer verborgenen Erklärung dafür, dass er sie bis hierher verfolgt hat. „Katarina komm sofort nach Hause. Sonst passiert ein Unglück!" schreibt der Vater. Wem? Der Mutter? Der Schwester? Und welches Unglück kann größer sein, als das Leben zwischen Alkohol, Armut und Schlägen? Vor allem: wie soll sie das verhindern? Warum?

„Katja, wo bist du?" Michaels Stimme, leicht und unbeschwert, angeraut nur durch ein paar Zigaretten zuviel, greift nach ihr. Wie immer fühlt sie sich überspült und aus dem Treibsand gehoben von einer warme Welle vertrauter Geborgenheit, die sie trägt. „Katja, Jan hat grade angerufen. Er übernachtet bei Max, ich hab gesagt, das ist ok. Katja?" Zum ersten Mal rutscht sie ab, fällt vom Wellenkamm ganz tief in ein Tal voller Unbehagen. Sie weiß, Michael kann sie jetzt nicht mehr schützen. „Ok", ruft sie und versucht, so viel Klang wie möglich in die Silben zu legen. „Ich bin hier noch am Arbeiten, und dann wollte ich Jürgen auf ein Bier einladen, im ‚Dreschflegel'. Oder hast du schon was gekocht für heute Abend?" Michael steckt seinen Kopf hinter der Pergola hervor, an der er und Jürgen seit Stunden arbeiten. „Nein. Ist ok, Schatz. Macht das. Wir sehen uns dann." Und sie weiß, dass sie lügt.

Katarina steht im Treibsand. Ihre Gegenwart löst sich auf und die Vergangenheit zieht ihr die Sicherheit unter den Füßen weg, saugt sie zurück in das andere Leben.

Auf dem Bahnhofsplatz in Kamien hatte sie Bogdan getroffen, den Zwerg. Er war auf dem Weg nach Deutschland, wo er als Weinlesehelfer arbeiten wollte. Katarina stieg in seinen Polski-Fiat und fuhr mit ihm nonstop bis Oppenheim. Dort schlugen sie mitten auf dem Kirchplatz ihr Zeltlager auf und versuchten ihr Glück bei den Winzern ringsum. Wie frisch lackiert glänzten die Weinberge vor dem strahlenden Himmelblau eines perfekten Altweibersommers. Katarina atmete tief. Die Luft schmeckte nach Sonne, Reben und Freiheit. Nur Arbeit fanden sie keine. Am dritten Tag zeigte der Zwerg sein wahres Gesicht, und Katarina kam sich vor wie eine, die auszog, das Fürchten zu lernen. Nachdem sie seine Annäherungsversuche im Zelt mühelos abgewehrt hatte – kein Problem bei entschlossenen einsachtundsiebzig – verlangte er von ihr, dass sie für ihn anschaffen sollte. Es kam zum großen Streit – mitten auf dem Oppenheimer Marktplatz. Ein Wort gab das andere, plötzlich schlug Bogdan zu. Katarina sah schwarz – und erwachte in einem breiten, weichen Bett. Über sich ein Deckenfresco mit tanzenden Nymphen und Satyrn. Neben sich Guilon, kein Märchenprinz, aber immerhin Retter in der Not. Dass Katarina immer noch schwarz sah, lag daran, dass ihr neuer Freund aus dem Senegal kam. Er studierte Politikwissenschaften in Mainz und hatte sich grade von seiner polnischen Freundin getrennt, um eine deutsche Frau und mit ihr einen dauerhaften Aufenthalt zu finden. Für Katarina war es die große Liebe. Und ein stetiger Schmerz. Schwarz wurde ihre Farbe. Schwarzer Freund, schwarze Arbeit, schwarze Zukunft. Schwarzer Himmel über einer fremden Heimat auf Zeit. Jede Prüfung, jeder Schein lag auf dem Couchtisch wie eine Drohung. Noch ein Semester, dann musste Guilon zurück. Katarina floh von Job zu Job auf der Flucht vor dem Ordnungsamt. Sie trennten sich. Sie liebten sich. Sie verließen sich. Er flog nach Hause. Sie ergatterte ein Studentenvisum für BWL. Bei seiner Rückkehr war er verheiratet, auf Druck der Familie. Katarinas Himmel stand wieder ganz weit offen. Sie schaute hinein, die Wolken zogen von Ost nach West. Nein, sie wollte nicht zurück. Aber sie besann sich auf ihre Wurzeln. Und ihren Plan.

Dann ging alles ganz schnell. Katarina machte ein Anerkennungspraktikum im Krankenhaus in Rüsselsheim. Als Krankenschwester fand sie dort sofort eine Arbeit. Und Michael. Mit ihm zog sie in den Vogelsberg. An den Rand dieses 200-Einwohner-Dorfes bauten sie ihr Haus mitten in einen Acker. Vor sich wogende Kornfelder, über sich endlosen Himmel. Ein Hund, ein Haus, eine richtige Familie.

Sie hat alles erreicht. Ein letztes Mal schaut sie über die satt gelben Wellen, die kleeduftenden Weiden, das weiß gesträhnte Blau. Dann zieht sie die Tür hinter sich zu. Der Schlüssel liegt auf der Kommode. Daneben ein Zettel: „Michael, ich musste zurück nach Posen. Keine Ahnung, wann ich wiederkomme. Ich melde mich. Passt gut auf Euch auf! Gib Jan einen Kuss von mir. Ich hab Euch sehr lieb!"

Sie setzt sich ins Auto. Der Abend kriecht aus dem Eichenwald, als sie am Dorfende auf die Schnellstraße einbiegt. Zwölf Stunden nonstop für knapp achthundert Kilometer und rund zwanzig Jahre.

„Katarina, Schatz, ist alles ok? Wir versuchen seit Tagen, dich zu erreichen." Ist es das Handy oder die Erleichterung, die Michaels Stimme verzittert? „Alles ok, Michael. Ich bin in Posen. Stell dir vor, ich steh in unserem Kinderzimmer. Mein Vater muss die Wohnung verkaufen und hat meine Unterschrift gebraucht. Die Siedlung wird saniert. Den Friedhof haben sie schon platt gemacht. Ich bringe mein Schwester mit, ist das ok? Der Himmel sieht hier ganz anders aus als zu Hause. So dunkel und leer. Morgen Abend sind wir zurück. Ich liebe euch!"

Über die Erzählerin:

Katharina

Katharina kam 1993 aus Kamien Pomorski nach Deutschland. Dort hatte sie im Krankenhaus gearbeitet, um sich das Geld für ein Medizinstudium zu verdienen – es hat aber nie gereicht. In Deutschland hoffte sie auf ein besseres Einkommen. Ein Jahr lang zog sie durch die Pfälzer Weinbaustädte, immer auf der Flucht vor dem Ordnungsamt, immer mit Jobs in der Gastronomie und in privaten Zimmern. Ein polnischer Freund bringt sich um, weil sie sich von ihm trennt. 1995 kommt sie nach Mainz, lernt dort einen afrikanischen Studenten kennen. Er verhilft ihr zu einem Studentenvisum, sie immatrikuliert sich in einem Wirtschaftsstudium als Interim. Aber die Beziehung zerbricht an der Belastung durch die für beide ungewisse Zukunft als Ausländer in Deutschland. Da beschließt Katharina (oder sollen wir sie anders nennen??? Maria, z.B.? So heiße ich auch :-)), den Traum vom Medizinstudium aufzugeben und als Krankenschwester in Rüsselsheim zu arbeiten. Dort lernt sie ihren Ehemann kennen. Heute lebt sie mit Mann und Sohn in Hessen und arbeitet nach wie vor als Krankenschwester.

Über die Autorin:

Maria-Jolanda Boselli

Geboren im Mai 1960 in Frankfurt, sie ist seit 1985 Wahlmünchnerin. Erwerbsarbeitstechnisch führt Maria-Jolanda Boselli eine 1-Frau Agentur für Pressearbeit und Eventmanagement. Ihr erstes Gedicht hat sie – so die Familienlegende – mit vier Jahren verfasst. Bis zum Abitur schrieb sie in Schülerzeitungen und italienisch-deutschen Magazinen. Nach dem Studium der Romanistik und Theologie und der Promotion folgten freiberufliche und ab 1996 angestellte Tätigkeiten im Bereich PR und Öffentlichkeitsarbeit, zuletzt als stellvertretende Pressesprecherin im Caritasverband München-Freising. Publikationen in Fachmedien, Anthologien und im Internet. Seit 2010 Mitglied der Sisters in Crime, seit 2012 Mitglied der Autorinnenvereinigung, seit September 2012 dort im Vorstand. Ihr Motto: Ich schreibe, also bin ich. Erlebtes ist für sie nur als Geschriebenes Teil ihrer Realität.

Cop in the street of
Materialcollage und Acryl auf Holz, 142x120cm, 2003

Kamber

Selvinaz Entscheidung

Als das Flugzeug vom Flughafen Erzurum abhob, erlebte Selvinaz zwiespältige Gefühle: erstens hatte sie ihrem Vater, dem sie bisher nie hatte widersprechen können, mitgeteilt, dass sie sich von ihrem Mann scheiden lassen wolle, und trotz aller Einwände und Zwänge seitens ihres Vaters, war sie davon nicht abgewichen. Ihr Vater hatte damit gedroht, sie als seine Tochter abzuerkennen und nach der Tradition sogar unterschiedliche Zwangsmittel gegen sie einzusetzen. Zweitens fühlte sie sich erleichtert. Sie würde sich von ihrem Ehemann, mit dem sie seit fünf Jahren widerwillig zusammen lebte, trennen.

Was hatte Derviz während dieser fünf Jahre nicht alles getan?! Er hatte sie verprügelt, beschimpft, sie daran gehindert, zu anderen Menschen Kontakt zu haben, sie fast wie ein Dienstmädchen behandelt. Jetzt fühlte sie sich freier, aber auf der anderen Seite hatte sich auch Angst. Allein mit zwei Kindern unter den Augen der Familie und aller Verwandten zu leben. Aber egal, sie war fest entschlossen. Sie würde ihr Leben neu organisieren und es schaffen, auf eigenen Füßen zu stehen. Während das Flugzeug über den Wolken flog, schaute sie diese an. Ihre Augen glänzten, sie erinnerte sich an die Tage ihrer Kindheit. Als Kind hatte sie sich auf die Wiese gelegt und Wolken gezeichnet. Sie begann wieder zu zeichnen.

Plötzlich brachte die Stimme ihres Sohns Ozan sie wieder zu sich: „Mama, ich muss Pipi machen". Selvinaz brachte ihren vierjährigen Sohn zur Toilette. „Mama, wird mein Opa uns nicht mehr sehen?", fragte er. „Ich weiß nicht", antwortete Selvinaz. Ihr zweiter Sohn, der zweieinhalb Jahre alt war, schlief.

Als das Flugzeug am Flughafen Berlin-Tegel landete, wurde sie von ihrem Ehemann Derviz und von ihrer Freundin Kezban empfangen. Selvinaz hatte sich entschieden, mit Kezban, nicht mit ihrem Ehemann zu gehen. Die Kinder rannten zu ihrem Vater, sie umarmten und küssten ihn.

„Wir gehen zusammen", sagte Derviz zu Selvinaz, „Du hast wahrscheinlich einiges zu erzählen", sprach er weiter. Nein, wir werden uns morgen sehen, dann werde ich erzählen", sagte sie. „Ich gehe mit Kezban."

Nun lebt sie mit ihren Kindern seit zwei Monaten bei Kezban. Sie hatte ihrem Mann Derviz ihre Entscheidung, sich von ihm scheiden zu lassen, mitgeteilt. Da er die gemeinsame Wohnung nicht verließ, hatte Selvinaz mit ihren Kindern es getan. Unterwegs erzählte Selvinaz ihrer Freundin, wie sie ihrem Vater gegenüber auf ihren eigenen Willen bestanden hatte.

„Ich muss jetzt eine Wohnung finden. Ich bin sicher, du wirst mir helfen", sagte sie. „Es ist nicht nötig, dass du dich beeilst", antwortete Kezban, „ich habe mich außerdem an deine Kinder gewöhnt." „Nein, ich muss allein, auf eigenen Füßen stehen können", widersprach ihr Selvinaz.

Am darauffolgenden Tag trafen sich Selvinaz und Derviz in einem Café in Kreuzberg. Derviz kam mit einem kleinen Blumenstrauß in der Hand in das Café.

„Ich weiß, das ist ein zu spät geschenkter Blumenstrauß, aber gib mir bitte noch eine Chance!" begann Derviz in bitterem Ton. Selvinaz begann zu lachen. „Wer dich so sieht, könnte dich für so sauber halten wie einen aus der Milch gezogenen Löffel", sagte sie. „Jahrelang hast du mir alles Mögliche angetan, jetzt glaube ich deinen Krokodilstränen nicht mehr. Außerdem bin ich nicht hierher gekommen, um mir mit dir über solche Dinge zu sprechen. Ich habe mit meinem Anwalt gesprochen. Er wird sobald wie möglich einen Scheidungsantrag stellen. Aber wir tragen gegenseitige Verantwortungen; wir haben gemeinsam zwei Kinder. Wir sollten sie in diesem Zusammenhang nicht benachteiligen", sprach sie weiter.

Die Gesichtszüge von Derviz verspannten sich, der vorausgegangene Ausdruck der Unschuld machte jetzt einem zornigen und Rechenschaft verlangenden Platz. „Diese feministische Hure hat dich auf die schiefe Bahn gebracht", sprach er und meinte damit Kezban. „Sie soll sich um dich und deine Kinder kümmern!" In diesem Augenblick machte er Anstalten, auf Selvinaz einzuschlagen, erinnerte sich aber gerade noch rechtzeitig, dass sie in einem Café waren. Er stand auf und war gerade dabei wegzugehen, als Selvinaz zu ihm sagte „Du kannst zu jeder Zeit die Kinder sehen, wenn du willst".

Selvinaz begann im nieselnden Regen zu laufen, sich noch einmal erleichtert fühlend, über ihre Zukunft nachdenkend. Früher, wenn sie gemeinsam durch die Stadt gegangen waren, hatte ihr Ehemann ihr verboten, sich nach rechts und links umzuschauen. Jetzt lief sie, mit hoch erhobenem Kopf durch die Menge.

Nach kurzer Zeit hatten sie eine 2 ½ Zimmer-Wohnung in Kreuzberg gefunden. Die Wohnung war in der von den Türken die „Brücke von Galata" genannten Straße, in einem sehr großen Haus. Derviz hatte Selvinaz nicht erlaubt, einige der Möbel aus ihrer gemeinsamen Wohnung mitzunehmen, entweder weil er so wütend war oder weil er sie dadurch erniedrigen wollte. Aber Selvinaz hat sich darüber keine Sorgen gemacht, stattdessen dachte sie an ihre Trennungsentscheidung, die sich sehr richtig anfühlte.

Kezban und ihre Freundinnen hatten durch eine Solidaritätsaktion in kurzer Zeit die Wohnung, in der Selvinaz und ihre Kinder jetzt wohnten, in ein sehr warmes Nest verwandelt. Kezban war die Leiterin eines Frauenvereins namens ‚Solidarität'. Dayanisma – auf Türkisch – veranstaltete unterschiedliche Kurse für Frauen und sorgte dafür, dass Frauen etwas zusammen unternahmen. Kezban war auch eine der politisches Asyl suchenden Personen, die nach dem Putsch vom 12. September 1980 die Türkei verlassen hatten und nach Deutschland gekommen waren. Im Laufe der Zeit interessierte sie sich für die feministische Bewegung und wurde eine ihrer wichtigsten Aktivistinnen.

Selvinaz war jetzt auch Mitglied des Vereins. Sie nahm, zusammen mit den anderen Frauen, an den Kursen im Verein teil und hörte die Lebensgeschichten der anderen, die da waren. Die Geschichten, die erzählt wurden, hatten soviel Gemeinsames: Manche waren wegen des Krieges hierher gekommen, manche waren importierte Bräute, manche waren wegen der Armut hier und manche von ihnen waren hier geboren worden, lebten aber die Kultur ihrer Väter.

Alle hatten eine gemeinsame Sorge: die Unterdrückung durch den Vater, durch ihre Brüder oder den Ehemann. Manche von ihnen kamen heimlich zum Verein und manche mit dem Vorwand, einen Deutschkurs zu besuchen. Manche aber gingen alle möglichen Risiken ein, um zu kommen und dadurch waren sie frei. Zum Beispiel gab es eine Frau aus Kurdistan namens Berivan; sie kam zum Verein, ohne dass ihr Ehemann davon wusste, folglich war sie sehr beunruhigt. Mit dem Vorwand, sie hätten die PKK und die Guerillas unterstützt, wurde ihr Dorf von den staatlichen Sicherheitskräften abgebrannt. Ihr Ehemann wurde gefoltert. Sie hatten fünf Kinder. Auf der Ladefläche eines LKW hatten sie es alle geschafft, hierher zu kommen. Jetzt betrieb ihr Ehemann einen Imbiss. Aber er hatte von den feudalen Werten, mit denen er aufgewachsen war, nicht loskommen können. Er erlaubte Berivan nur, Kontakte zu ein paar Familien zu haben. Berivan besuchte den Verein unter dem Vorwand, sie ginge zu einer dieser Familien.

Aus dem Türkischen übersetzt von Fahrettin Ergin

Entnommen aus:

„*Und meine Seele jagte den flüchtenden Worten nach...*"
Schreibwerkstatt für Flüchtlinge und Folterüberlebende
Ein Projekt der BAF (Bundesweite Arbeitsgemeinschaft der psychosozialen Zentren für Flüchtlinge und Folteropfer) in Kooperation mit ihren Mitgliedszentren.
BAF, Paulsenstr. 55-56
12163 Berlin

Mariam Demir

Dieser eine Tag

Ich kann mich noch sehr gut an diesen einen Tag erinnern. An diesem Tag hat sich mein Leben und das meiner Familie für immer verändert. Es war ein sehr kalter Herbsttag in Fürstenau. Meine Familie und ich saßen im Wohnzimmer auf dem Teppich, dem einzigen Möbelstück, das noch in dieser Wohnung übrig geblieben war. Wir saßen da und waren stumm. Noch nie zuvor waren wir so stumm gewesen. Wir hatten Angst und wussten nicht wohin mit unseren Gefühlen. Es tat weh, zu glauben, dass dies unser letzter Tag an diesem Ort sein würde. An dem Ort, an dem wir aufgewachsen sind. Es war nicht irgendein Ort, es war dieser Ort. Der Ort an dem unsere Freunde sind. Der Ort, an dem wir unsere schönsten Momente hatten. Es war sehr ruhig, unsere Herzen brannten vor Wut und Hass. Wir Kinder fragten uns die ganze Zeit: warum, warum wir? Ich konnte es mir nicht verkneifen, immer wieder so zu denken. Es war unbeschreiblich, so sehr, dass wir uns nicht mal angucken konnten, weil wir wussten, dass der eine genau so dachte wie der andere. Wir hätten angefangen zu weinen, wenn wir uns angeguckt hätten. In diesem Moment wussten wir, dass wir stark bleiben müssen. Dies taten wir auch, wir waren die Demirs, haben wir uns innerlich gesagt. Als ich dann rüber zu meiner geistig behinderten Schwester geguckt habe, wurde mir eins klar, es wird schwer, sehr schwer. Ich bekam das erste Mal Angst. Angst vor der Zukunft. Wie wird unsere Zukunft aussehen? Werden wir die Schule besuchen können wie jedes andere Kind auch? Wo werden wir leben? Haben wir genug um zu überleben? Ich konnte nicht mehr aufhören, mir immer wieder diese Fragen zu stellen. Ich wollte es verdrängen, doch dies ging nicht. Es kamen immer mehr Fragen, immer wieder mehr, die ganze Zeit über. Es war wie ein Teufelskreislauf, der nicht aufhören wollte. Was sollte ich machen? Ich hörte nicht mehr auf, bis ich dann ins Badezimmer ging und weinte. Ich habe geweint, so sehr wie noch nie zuvor. Ich kannte mich in diesen Moment selbst nicht mehr. Ich habe geschrien, so laut geschrien, dass man es bis unten ins Erdgeschoss gehört hat. „Wieso wir?", Schrie ich die ganze Zeit über. Ich schrie und schrie. Es wollte raus, ich sah keine andere Möglichkeit, als zu schreien. Was haben wir Schlimmes getan, dass es soweit gekommen ist? Es kamen so viele Fragen, die ich mir selbst noch nie zuvor gestellt hatte. Ich zweifelte an mir selbst und dachte, ich sei schuld. Ich wollte stark bleiben. Ich, Mariam, werde stark bleiben, habe ich in mir gesagt. Und plötzlich kam der Moment, an dem wir gemerkt haben, wir müssen gehen.

Der Moment, an dem sich alles ändern würde, kam. Er kam so plötzlich, dass ich es nicht wahr haben wollte. Mein Onkel hat uns damals mit einem Bulli abgeholt. In diesem Bulli befanden sich unsere restlichen Sachen. Sachen die noch von der alten Wohnung übrig geblieben waren. Dinge, die uns das letzte Mal zeigen würden, woher wir kamen. Und Dinge, die uns immer wieder zeigen werden, was wir zurückgelassen haben. Als wir unten im Hof standen und plötzlich unsere Freunde und Nachbarn auf uns zu kamen, betrachtete ich diese Menschen und den Hof, in dem sich die Wohnhäuser befanden. Wohnhäuser, in denen nur Familien mit unterschiedlichen Migrationshintergründen lebten. Es waren Familien, mit denen wir unsere schönste Zeit verbracht hatten. Familien, von denen wir viele Sprachen und Kulturen kennen lernen durften. Ich sah mir das Ganze genau an, ihre Gesichter, ihr Weinen, ihre Kinder, ihre Blicke, das Wetter, das Sprechen, das kurze Lachen und plötzlich wurde mir klar, dass es Ernst wurde. Es war unbeschreiblich. Ein Wort, das ich noch nie zuvor in meinem Leben in dem Mund genommen hatte, wurde mit meinen 13 Jahren so oft benutzt. Wir mussten den Ort verlassen, der für uns alle ein Teil unseres Lebens, unseres Daseins ausmachte. Wir mussten fort und das für immer. Hin zu einem Ort, der uns immer fremd geblieben war. Ein Ort, in dem wir Kinder noch nie waren. Wissen Sie eigentlich, was das Traurigste an dem Ganzen ist? Wir mussten uns mit etwas identifizieren, was wir letztendlich nicht sind. Wir sprachen die türkische Sprache kaum und waren zudem noch nie in diesem Land. Und dennoch sind wir Türken und gehören somit in die Türkei. Wir haben nochmal das Gefühl bekommen, nichts wert zu sein.

Es ist ein, Ort an dem unsere Zukunft unsicher war. Ein Ort, der alles verändern würde. Ein Ort, an dem wir nie wieder so sein würden wie heute. Doch fragte ich mich, warum dieser Ort? Seit wann ist ein Land, in dem wir noch nie waren, letztendlich das Land, mit dem wir uns identifizieren müssen??!! Wie kann das sein?? Wir lebten hier und sind auch hier geboren. Wir sprechen die Sprache des Landes, in dem wir aufgewachsen sind. Wir besuchten die Schule und wurden nie auffällig. Wir haben Freunde in dem Land, in dem wir nicht mehr gewollt werden. Wir haben eine Familie, die in diesem Land lebt, in dem wir nichts zu suchen haben. Wir haben unsere Schule, die wir seit der ersten Klasse besuchten. Wir haben unsere Nachbarn, die uns das ganze Leben lang kennen. Wir haben unsere Zukunft, unsere Pläne, unsere Träume und ein sicheres Leben hier. Wir haben Sicherheit und Perspektive in einem Land, das uns nicht haben möchte. Doch warum will man uns nicht haben?? Warum wir?? Wir waren doch unschuldig. Oder sind wir es nicht? Waren wir seit unserer Geburt dazu verdammt, immer das Gefühl zu bekommen, dass wir nicht hier her gehören? Wie sollte ich es verstehen? Ich konnte es nicht verstehen und somit wurden aus einer Frage mehrere Fragen. Fragen, die nicht mal Juristen mir erklären konnten. Fragen!

Es waren Fragen, wichtige Fragen. Fragen, in denen es um Menschen ging, die hier lebten und aufgewachsen sind. Menschen, die zuvor nichts anderes gesehen haben. Menschen, deren Zukunft und Perspektive allesamt in diesem Land lagen, die aber dennoch nicht gesehen wurden. Menschen, die nichts Schlimmes getan haben. Menschen, die hier nur leben wollten wie jeder andere Mensch auch.

Diese Gedanken und Gefühle kamen immer wieder hoch. Immer wieder die gleichen. Auf dem Weg Richtung Bulli. Ein Bulli, in dem sich nur ein paar Dinge von uns befanden. Dann hatten wir die letzten kurzen Momente der Verabschiedung. Eine Verabschiedung für immer. Ein Moment der Tränen und der Verzweiflung. Kennen Sie den Moment, an dem man nicht mehr weiterleben möchte? Ein Moment, an dem der Mensch alles verloren hat? Der Moment, an dem man sich am liebsten unter einem Kissen verstecken und glauben möchte, alles sei nur ein Albtraum? Oder der Moment, der sich anfühlt, als würde man Ihnen alles nehmen?

Ich wusste nicht mehr weiter und ich konnte nicht mehr. Meine Tränen wurden immer mehr. Ich sah meine Freunde, meine Familie und mein Zuhause an. Und konnte nicht verstehen, was jetzt gerade passierte. Es war als hätte ich noch immer nicht verstanden, dass der Moment gekommen war. Der Moment – ein einziger Moment sollte alles für uns ändern.

Und es ist passiert! Wir haben uns verabschiedet und allen alles Gute gewünscht. Wir konnten nicht mehr aufhören, die Gesichter der anderen anzugucken. Dieser Moment der Verabschiedung. Wir verabschiedeten uns und stiegen in den kleinen Bulli. Wir alle saßen im hinteren Raum des Bullis, da wir vorne keinen Platz hatten. Wir saßen zwischen unseren restlichen Sachen, die wir mitnahmen. Wir saßen da und sahen uns an. Wir waren so still. Alle waren am Weinen, wir konnten nicht aufhören und je mehr wir an unseren Abschied gedacht haben desto mehr mussten wir weinen. Wir haben soviel geweint, unser Herz brannte, unsere Seele war nach diesem Tag nicht mehr als Seele zu bezeichnen. Es war so, als hätte jemand uns das Wichtigste im Leben genommen. Man hat uns etwas genommen, ohne uns zu fragen. Man hat über uns bestimmt und das war das Schlimmste. Was kann man einem Menschen Schlimmeres antun, als ihm das Gefühl zu geben, man könne über ihn bestimmen. Über sein Leben. Man kann es kaum verstehen, was wir durchgemacht haben. Wir waren Menschen und sind es noch immer. Aber warum? Wie weit kann eine Gesellschaft gehen, so weit, dass das Leben vieler Menschen kaputt gehen konnte? Wir fühlten uns in Stich gelassen. Wir haben als Kinder sehr früh zu spüren bekommen, was es bedeutet, nichts wert zu sein. Das alles habe ich während der Fahrt gedacht und mich innerlich aufgeregt. Ich versprach mir und meiner Familie, dass ich es allen heimzahlen würde. Ich hatte sehr viel Hass in mir, doch mein Hass war ein Hass, der mich ermutigte, etwas aus meinem Leben zu machen und ihnen zu zeigen, dass sie damit keinen Erfolg hatten, dass sie uns in unseren jungen Jahren das Gefühl von Wertlosigkeit vermittelt haben. Wir saßen ungefähr zwei Stunden im Bulli. Dieser Bulli brachte uns zu unseren Verwandten nach Herne, dort haben wir uns für einen Tag aufgehalten, um direkt am nächsten Tag nach Düsseldorf zu fahren.

Wir wurden von unseren Verwandten sehr herzlich aufgenommen und wenigstens für eine kurze Zeit abgelenkt. Wir aßen und schliefen dort, doch es war für alle eine schlechte Nacht. Wir konnten nicht einschlafen, weil wir nicht wussten, was auf uns zukam. Wir hofften das Beste und zugleich kam die Angst immer wieder hoch. Wenn uns unsere Cousinen darauf ansprachen, musste ich weinen. Es tat weh, daran zu denken, dass wir jetzt für immer Deutschland verlassen mussten. Wir dachten alle nach und versuchten irgendwie damit klar zu kommen. Es war für uns alle eine unschöne Nacht. Keine und keiner konnte richtig schlafen und ich möchte ungern wissen, was meine Mutter in der Zeit gedacht hat. Wir wachten dann schließlich am nächsten Tag auf und machten uns frisch. Meine Tante hat uns in der Zeit das Frühstück vorbereitet, womit wir uns dann auch gut gestärkt auf den Weg machten. Wir hatten den Flug gegen Mittag gebucht und fuhren dann auch schnell los, damit wir den Flug nicht verpassten. Es kam wieder ein Abschied. Ein Abschied, bei dem wir schon wieder Menschen verlassen mussten, die uns wichtig im Leben waren. Es war ein Teil unserer großen Familie, die wir verlassen mussten. Ich dachte, ich würde meine Cousine und meine Tante nie wiedersehen, bis sich später am Flughafen einiges unvorhersehbar verändert hat. Meine Mutter, mein Onkel, meine Geschwister und ich machten uns auf den Weg Richtung Flughafen Düsseldorf, von dort unser Flug in die Türkei gehen sollte.

Als wir schließlich nach ca. 30 Minuten Fahrt ankamen, gingen wir zum Schalter von Turkish Airlines. Mein Onkel und meine Mutter standen dort vorne und gaben den Mitarbeitern der Airlines unsere Abschiebungspapiere und die Pässe. Plötzlich wurde dann die Stimme meines Onkels lauter und die Polizei kam dann später auch dazu und versuchte das Ganze zu schlichten. Wir Kinder standen nur da und versuchten mitzuhören, doch wir verstanden nichts und standen so fast eine halbe Stunde im Flughafen, bis dann plötzlich meine Mutter und mein Onkel zu uns kamen und sagten, dass wir nun doch nicht fliegen würden.

Ich war so durcheinander nach den letzten Tagen, dass ich nicht wusste, ob ich mich freuen oder weinen sollte. Wir waren alle schockiert und konnten das alles nicht verstehen. Mir kamen wieder ganz viele Fragen in den Kopf. Wenn ich genauer überlege, lag es nur an einem einzigen Dokument, dass wir nicht gefahren sind. Nur ein einziges Dokument hat uns das Leben gerettet. Nur ein Stück Papier. Wir konnten es kaum fassen und ich hatte eine riesige Wut in mir. Eine Wut die ich noch nie zuvor in mir selbst gespürt hatte. Ich konnte es nicht verstehen, dass wir das Ganze durchmachen mussten, um nun plötzlich zu erfahren, dass wir doch nicht abgeschoben werden konnten, nur weil ein Stück Papier fehlte. Wir sagten nichts und machten uns wieder auf den Weg

Richtung Zuhause. Dem Zuhause, von dem wir nicht gedacht hätten, dass wir es jemals wieder sehen würden.

Das Ganze passierte am 15. Oktober 2004, damals war meine Mutter Aytan 30 Jahre alt, meine Schwester Zeinab 15 Jahre, meine geistig behinderte Schwester Yasemin 11 Jahre, meine jüngere Schwester Kadriye 10 Jahre und ich 13 Jahre.

Wir waren noch so jung und mussten so etwas erleben. Wir lebten mit Angst und Depression und hatten viele Nächte, in denen wir nicht schlafen konnten. Meine arme Mutter, die gerade mal 30 Jahre alt war und vier Kinder versorgte, musste die Stärke aufweisen, uns das Ganze zu erklären und uns dabei nie das Gefühl zu geben, wir seien nichts wert. Der 15. Oktober 2004 ist der Tag, an dem wir uns für immer veränderten. Wir wurden stark und haben beschlossen, uns nie wieder von anderen Menschen unterkriegen zu lassen.

Nun fragt man sich, was nun aus geworden ist. Wir haben ab dem 15. Oktober 2004 eine Fiktionsbescheinigung erhalten, womit wir dennoch weiter mit der Angst leben mussten, abgeschoben zu werden. Ja genau, wir lebten dennoch wieder mit der Angst abgeschoben zu werden. Jeder Besuch bei der Ausländerbehörde war schlimm für uns, wir wussten, diese Sachbearbeiter würden über unsere Leben entscheiden. Die Menschen dort waren unfreundlich und sprachen mit uns, als wären wir Tiere. Wir haben uns erniedrigt gefühlt. In unserer Ehre gekränkt. Sie dachten, wir seien dumm und würden sie eh nicht verstehen. Doch als wir dann anfingen zu reden und ihnen klargemacht haben, dass wir nicht dumm und auch Menschen sind, wurden sie ruhiger. Wir hatten bis 2010 alle eine Fiktionsbescheinigung. Fast sechs Jahre lang musste wir so leben, mit einer Angst, die nicht hätte sein müssen. Wir bekamen dann im Jahre 2010 alle aus einen Aufenthalt aus Humanitären Gründen und dieser Aufenthalt war nun auch sicher.

Sie müssen sich das mal überlegen, wir waren seit 1989 in Deutschland und bekamen erst nach 21 Jahren einen sicheren Aufenthalt. Es waren 21 schlechte, traurige, angstserfüllte und aufreibende Jahre für uns. Wir haben es jetzt geschafft, doch das Alles hat Spuren hinterlassen. Uns fällt es schwer, Menschen zu vertrauen, uns fällt es schwer, ohne Angst zu leben, uns fällt es schwer, in Richtung einer Behörde zu gehen. Doch wir wurden auch stark! Wir haben gelernt, unsere Stimme hören zu lassen. Wir haben gelernt, bei jeder Ungerechtigkeit etwas dagegen zu sagen. Wir haben gelernt, stark zu sein und unser Leben zu meistern. Und wir haben gelernt, dass wir Menschen sind und dass niemand das Recht hat, über uns zu entscheiden. Wir sind Menschen wie jeder andere auf dieser Welt auch. Und genau dieser Satz hat uns unser ganzes Leben lang geprägt.

Meine Mutter arbeitet jetzt in einer Fabrik, meine ältere Schwester Zeinab macht gerade eine Lehre zur Frisörin, meine geistig behinderte Schwester Yasemin wohnt in einer Einrichtung für Menschen mit Behinderung und arbeitet dort in einer Werkstatt, meine jüngere Schwester Kadryie macht gerade ihr Abitur und will vielleicht Politik studieren. Und ich wohne in Berlin und studiere Soziale Arbeit, um Menschen zu helfen.

Wir haben uns vor genommen, etwas aus unserem Leben zu machen und wir sind an jedem einzelnen Tag dankbar, dass wir an diesem 15. Oktober einen Engel bei uns hatten, der uns beschützt hat.

Wer weiß, wie unser Leben in der Türkei heute aussehen würde?!

Über die Autorin:

<u>Mariam Demir</u>

Mariam Demir studierte später Soziale Arbeit und lebt heute in Berlin.

Elzana Gredic

Deutschland ist meine Heimat und wird es immer bleiben

Mein Name ist Elzana. Ich komme aus Montenegro und bin 24 Jahre alt.

Ich habe lange nachgedacht und entschieden, meine traurige Geschichte aufzuschreiben. Mein Leben war von Kindheit an so schlimm, ich hatte keine schöne Kindheit:

Bei uns in Montenegro war Krieg seit ich drei Jahre alt war. Dann musste ich mit meiner Mama, Papa, zwei Schwestern und einem Bruder weg aus Montenegro nach Deutschland, weil meine Eltern Angst hatten, dass wir im Krieg sterben würden. Wir sind dann zuerst nach München und Memmingen gekommen. Weil wir dort nicht bleiben durften, sind wir dann nach Dortmund gegangen und haben einen Asylantrag gestellt. Wir kamen nach Bochum in ein Heim. Dort war es sehr schlimm, es gab Kakerlaken und wir konnten kaum schlafen, weil die Kakerlaken so groß waren.

Als ich sechs Jahre alt war, bekamen wir eine kleine Wohnung. Ich kam zur Schule und wir blieben zwei Jahre in unserer Wohnung. Dann bin ich mit meinen Eltern zurück nach Montenegro gefahren. Meine Schwestern und mein Bruder blieben in Deutschland, sie haben dort geheiratet.

Zurück in Montenegro besuchte ich dort die Schule, aber ich konnte meine eigene Sprache nicht gut, weil ich so lange in Deutschland gewesen war. Dadurch hatte ich Probleme in der Schule und lernte schlecht. Nach drei Jahren war wieder Krieg in Montenegro und wir mussten wieder weg nach Deutschland, weil es zu gefährlich war, in Montenegro zu bleiben. Aber mein Papa ist dort geblieben, nur meine Mutter und ich sind zuerst nach Bosnien gegangen und haben dort Leute gefunden, die wir dafür bezahlten, dass sie uns nach Deutschland bringen sollten.

Von Bosnien bin ich mit meiner Mutter zusammen zu Fuß über die Grenze nach Kroatien gegangen. Wir sind die ganze Nacht durch den Wald gelaufen, dann über einen großen Fluss, in den ich fast hineingefallen wäre. Ich habe mich in einem Seil verfangen, das sich um meine Arme geschlungen hat. Meine Mama half mir, mich zu befreien und dann sind wir weitergelaufen. Meine Füße waren nass und schmerzten und ich konnte fast nicht mehr gehen. Das war alles zu viel für mich, ich war ja noch klein.

Am Morgen sind wir bei einer Frau in Kroatien angekommen und haben falsche Papiere bekommen, weil wir keine eigenen hatten.

Als wir in Deutschland bei meiner Schwester ankamen, haben wir uns in Bochum angemeldet und gesagt, dass bei uns in Montenegro wieder Krieg ist. Wir mussten wieder ins Heim und ich musste wieder Deutsch lernen, weil ich es in der Zwischenzeit vergessen hatte. In der Schule war ich deshalb wieder nicht gut, es war alles sehr schwer für mich. Dann haben sie mich in eine Sonderschule geschickt, dort war ich bis zur sechsten Klasse. Die von der Ausländerbehörde haben die ganze Zeit Probleme gemacht, dass wir wieder nach Montenegro zurückgehen sollten. Aber wohin sollten wir denn, habe ich mich gefragt.

Niemand hat an mich gedacht und daran, was aus mir wird und wie es mir in der Schule geht durch den dauernden Wechsel. Aber dann hat meine Mama gesagt „O.k., wir gehen." Sie sagten zu ihr, sie solle ein Papier unterschreiben, dass wir freiwillig ausreisen und nicht abgeschoben werden.

Meine Mama hat o.k. gesagt und unterschrieben. Dann ist ungefähr, so wie ich mich erinnern kann, ein Monat vergangen. Es war sechs Uhr morgens, als jemand an die Tür geklopft hat. Meine Mama hat aufgemacht und da standen fünf Polizisten mit einem Kombi mit Gittern an den Fenstern. Die haben gesagt: „Nehmt eure Klamotten, wir fahren euch zurück nach Montenegro." Ich habe geweint, meine Heimat war doch hier in Deutschland, was sollte ich jetzt machen. Wir waren doch keine Verbrecher, dass die uns die Polizei schickten.

Wir haben unsere Sachen gepackt und sind in den Wagen gestiegen. Sie haben uns zum Ausländeramt gebracht und dort haben sie zu uns gesagt: „Es ist Schluss, ihr müsst zurück."

Meine Mama hat gefragt „Warum denn? Ich habe doch unterschrieben, später freiwillig zurück zu gehen." Sie sagten: „Das ist nicht unser Problem". Die Polizei brachte uns nach Dortmund, wo sehr viele Leute aus Montenegro waren, die abgeschoben werden sollten.

Die Leute vom Ausländeramt sagten zu uns „Wenn ihr in Belgrad seid, dann wartet da ein Bus auf euch, der euch in eure Stadt nach Hause fährt." Von Belgrad bis in unsere Stadt waren es acht Stunden und als wir zwei, meine Mama und ich, in Belgrad angekommen sind, war da kein Bus, nur wir zwei. Und die vom Ausländeramt hatten nicht einmal gefragt, ob wir Geld hätten für die Rückfahrt, sie haben uns nur in Belgrad rausgeworfen, wie Müll. Dann mussten wir mit dem Zug in unsere Stadt in Montenegro fahren.

Ich lebe jetzt schon elf Jahre hier, habe die Schule nicht weitergemacht, denn ich konnte nicht mehr, es war alles zu viel für mich. Ich kann immer noch nicht gut rechnen, aber die deutsche Sprache habe ich nie vergessen, weil ich meine Heimat liebe. Deutschland ist meine Heimat und wird es immer bleiben.

Über die Autorin:

Elzana Gredic

Kurz nachdem Elzana Gredic diese Geschichte aufgeschrieben hatte, gelang es ihr, zurück nach Deutschland zu kommen. Um wieder einreisen zu dürfen, musste sie die Kosten für ihre Abschiebung bezahlen, obwohl sie damals noch minderjährig gewesen war. Für sie war das Geld kaum aufzubringen, sie hatte Glück und fand jemanden, der für sie bezahlte. Heute lebt Elzana Gredic wieder in Deutschland.

Paris riots
Mixed media auf Leinwand, Triptychon, 80x126cm, 2008

Waheed Tajik

Waheeds Geschichte

Warum hat mein Vater entschieden, dass wir nach Europa reisen mussten?

Wir hatten ein normales Leben, mein Vater hat sich bemüht, damit wir ein besseres Leben hatten, aber im Iran hatten wir als Afghanen keine richtigen Ausweise. Außerdem hat er seit 30 Jahren dort gewohnt und wir auch (die Brüder und die Schwester) seit unserer Geburt. Als mein Bruder sein Abitur gemacht hatte, wollte er weiterstudieren, aber er hatte keine Chance. Dann hat er eine Arbeit angefangen, irgendwann sind sie (mein Vater und mein Bruder) nach Afghanistan abgeschoben worden, weil ihre Ausweise abgelaufen waren. In Afghanistan wurde mein Bruder getötet, warum er getötet wurde, soll mein Vater sagen, so kam mein Vater zurück in den Iran und hat entschieden, dass wir nach Europa reisen mussten.

Reise nach Europa

Wir mussten illegal fahren, wie, das wussten wir nicht. Wir fuhren in die Türkei, dann nach Griechenland. Wir mussten schlechte Erfahrungen machen, manchmal hatten wir kein Essen, konnten nicht gut schlafen.

Wir sind in Griechenland angekommen und dort waren wir zwei Tage im Gefängnis. Dann durften wir nach Athen (zum Hauptbahnhof) fahren. Unsere großen Probleme fingen jetzt an, die Leute sprechen eine andere Sprache, das war der erste Punkt. Wir haben versucht, eine Wohnung zu mieten, doch dann mussten wir weiterfahren, um ein gutes Leben zu haben. Wir hatten nur die einzige Möglichkeit, mit dem Flugzeug oder mit dem Schiff illegal zu reisen. Mein Vater hat entschieden, dass wir zusammen mit dem Flugzeug fliegen, aber es war unmöglich: Fünf Leute ohne Pass, außerdem hatten wir nicht genug Geld. Mein Vater hat wieder entschieden, dass ich erst gehe und sie würden später nachkommen. Am 07.02.2011 bin ich in Deutschland angekommen.

Was habe ich hier (in Deutschland) gemacht?

Am 14.02.2011 bin ich in Bremen angekommen. In der Zwischenzeit hatte ich keinen Kontakt mit meiner Familie gehabt. Ich habe nun versucht, Kontakt aufzunehmen. Schon in den ersten Tage habe ich mit dem Deutsch lernen angefangen. Einen Monat habe ich selbst Deutsch gelernt, dann habe ich mich in einer Schule angemeldet. Bis zum Ende des Schuljahrs 2010-11 war ich dort, danach habe ich mich in einem Gymnasium angemeldet für das Schuljahr 2011-12. In dieser Zeit konnte ich mich nicht auf die Hausaufgaben konzentrieren, ich dachte immer daran, wie ich meiner Familie helfen könnte. Sie mussten einen DNA-Test machen, dann dürften sie mit einer Familienzusammenführung nach Deutschland kommen. Schließlich haben sie den Test gemacht. Sie kommen bald zu mir. Ich habe eine Aufenthaltserlaubnis.

Am Ende möchte ich sagen: Am Ende wird alles gut. Wenn noch nicht alles gut ist, dann ist das nicht das Ende.

Über den Autor:

<u>Waheed Tajik</u>

Ich bin Waheed, ich komme aus dem Iran, aber ich bin Afghane. Ich wurde 1994 in Teheran im Iran geboren, dort bin ich zur Schule gegangen, nach der Schule half ich manchmal meinem Vater oder spielte Basketball in meiner Freizeit. In der Schule war ich gut in Mathematik. Ich habe einen kleinen Bruder, er ist vier Jahre alt. Er ist im Iran geboren; ich habe auch eine kleine Schwester, sie ist 15 Jahre alt, auch sie ist im Iran geboren. Mein Vater ist Schneider und meine Mutter ist Hausfrau. Meine Familie ist seit zwei Jahren in Griechenland. Ich hatte auch einen älteren Bruder, auch er ist im Iran geboren, ist dort zur Schule gegangen und hat Abitur gemacht.

Sasha Naydenova Kartchev

Die Rose

Er hätte etwas für sie im Hotel hinterlegt – eine Rose und Quitten aus seinem Garten –, sagte er ihr am Telefon, die Rose hätte Wasser genug, um ein paar Tage zu überleben. Ihr gestriges Treffen war so intensiv verlaufen, dass er vergessen hatte, ihr dieses kleine Geschenk zu überreichen. Nun war er weg, abgereist, und im Hotel waren nur noch die angekündigte Rose und ein paar Erinnerungen geblieben.

Für die Frau war es nicht besonders umständlich, einmal kurz hinzufahren und sie – die Rose – abzuholen. Die Gedanken richteten sich eher an die Rose, denn die Quitten interessierten die Städterin nicht sonderlich. Diese Quitten hat er nur eingepackt, um ihr eins auszuwischen, um aus einem vergangenen Streit doch als Gewinner herauszukommen. Es ging nämlich einmal darum, wie groß Quitten seien: Sie behauptete, dass die Früchte fast babykopfgroß sein könnten, er dagegen stritt, so etwas sei nicht möglich, er hätte sie im Garten und sie seien nicht größer als ... als ... Eier? Eigentlich hatten sie beide recht, denn sie meinte die Quitten ihrer südländischen Heimat und er meinte die Quitten, die es in den kälteren Breitengraden doch geschafft haben, am Leben zu bleiben. Beide stritten oft um unwichtige Dinge. Vielleicht ging es ihnen einfach nur darum, in Streitform zu bleiben, denn sie mochten sich nach dem Streiten etwas mehr als davor.

Auf der Fahrt ins Hotel hatte sie das Gefühl einer gewissen Abenteuerlichkeit und Vorfreude, wie bei einem erneuten

Treffen mit ihm. Das dauerte jedoch nicht allzu lange, denn das Hotel war ja gleich hier in der Nähe, und auch fiel ihr ein, wie sie und die Stadt einmal von ihm (zu recht?) beschimpft wurden: die urbanen Gefühle seien eh nur von einer sehr kurzen Dauer.

An der Rezeption sagte sie ganz anonym: „Es wurde etwas für mich hinterlegt. Ich möchte es bitte abholen", denn sie wusste: In diesem Hotel wurde wahrscheinlich nicht so oft etwas hinterlegt. Die kleine durchsichtige Tüte wurde ihr gereicht.

Typisch Er, dachte sie kitschig liebevoll, in Zeitung eingewickelt! – in dem Plastikbeutel konnte man einen kleinen rosa-rot-weißen Knospenkopf aus dem zerknitterten Papier herausgucken sehen, der Zeitungsknäuel wurde nach unten dicker und sie vermutete darin die Wurzel der Pflanze und die noch sehr unreifen Quitten.

Zu Hause angekommen, erledigte sie ein paar Dinge, trödelte etwas herum, guckte nach den Kindern, dachte dies und das, sie genoss die Leichtigkeit und die Zwanglosigkeit, den Moment, nichts entscheiden zu müssen. Etwas später trieb sie das sichere Gefühl der Unantastbarkeit dazu, zu beschließen, seine Rose heute und jetzt sofort ... einzupflanzen.

Sie wollte die Blume nicht in ihrem kleinen Gärtchen haben, sondern, ganz mutig, gleich vor dem Haus, auf der großen Rasenfläche neben der Birke. So wird sie unauffällig immer da sein, dache sie. Etwa so: „Der Anblick macht mir nichts aus, er wird nicht schmerzhaft, sondern schön und natürlich sein, denn das ist Teil meines Lebens" (oder so ähnlich).

Diesen Entschluss gefasst, ging sie in den Schuppen, suchte nach einer Schippe und fand sie wider Erwarten sofort. Eigentlich fielen ihr gewisse Tätigkeiten zuweilen nur deshalb schwer, weil sie ihr sehr umständlich vorkamen und sie sich vor dem Zusammensuchen des nötigen Instrumentariums fürchtete. Sie brauchte manchmal sehr lange, um sich zu etwas zu entschließen, die Ausführung selbst war danach nur noch eine Frage des Geschickes und klappte sehr schnell. Die Frau besaß nämlich einen Hang zur „Kreativität", welcher oft dazu führte, dass hier und da im Haus ein kleines, von ihr zugelassenes Chaos herrschte. Diesem wollte sie keineswegs den Krieg erklären, sie hatte es schon vor Jahren aufgegeben ordentlich zu sein. Man konnte die Frau nicht als faul bezeichnen, sie zählte einfach zu den Menschen, für die perfekte Ordnung etwas außerhalb der Kräfte war, etwas, was sie einfach nicht können.

Der schnelle, erfolgreiche Blick zur Schippe war vor diesem Hintergrund gar nicht selbstverständlich und überraschte sie nicht wenig, sie hielt das blitzartige Finden des Gegenstandes für „Schicksal": Die Chaotin suchte ständig Zeichen, um die Verfehlungen ihres – wie sie fand – mangelhaften Charakters zu rechtfertigen. Die Augen suchten weiter, und genauso unerwartet schnell entdeckte sie mitten im Chaos der nie aufgeräumten Baracke eine Art Schüssel aus Plastik, die wie ein Übertopf aussah. Nun merkte sie, wie ein Einfall dem anderen folgte, wie sich alles aneinander reihte und wie dieser bereits angefangene Prozess der Roseneinpflanzung sie vollkommen in seinen Zauber zog. Die Schicksalhaftigkeit hatte sie an diesem Tag wohl ganz fest gepackt, alles was passierte musste wohl sein!

Eines nach dem anderen – sie konnte alles mit Leichtigkeit, sie schaffte es geradezu tänzelnd, so einfach und schnell wie noch nie eine Gartenangelegenheit bis jetzt, erhofft und erledigt, den Topf mit der fruchtbaren, teuren Erde aus einem halbvollen Sack zu füllen … So musste sie nicht den ganzen Sack nach vorne tragen. Automatisch tat sie das – mit der kleinen Schippe füllte sie ganz vorsichtig Erde in die Form – und dann den nächsten Schritt: Aufzupassen, um nichts zu verschütten, sie hasste es wirklich, überall Erdkrümel liegen zu sehen … und weiter: Nun machte sich die Gärtnerin mit all diesen Gegenständen in den Händen zurück auf den Weg in die Küche. Ganz langsam: Augen auf, Konzentration, nichts darf hinunter fallen. Sie ist schon im Haus und hält alles in ihren Händen, alles unter Kontrolle. „Ein guter Tag für Gartenarbeit, ein schöner Moment zum Einpflanzen, eine schicksalhafte Gelegenheit zum Wurzelschlagen", so ähnlich trällerte sie, wahrscheinlich lautlos mit leiser innerer Stimme, vor sich hin ...

Auf ihr Verlangen goss eines ihrer Kinder Wasser in eine Kanne und gab sie ihr vorsichtig in die freie Hand, in der anderen Hand hielt sie noch Schüssel und Schippe.

Nach einigen schnellen Schritten und nach einigen wackeligen Gleichgewichts-Momenten erreichte das ruhige, sichere Gefühl, welches ihr Inneres schon seit einiger Zeit beherrschte, nun auch ihre Hände – und sie beendete den Gang zur Außentür nun äußerst selbstverständlich. Dort rief sie dem zweiten ihrer Kinder zu, es solle bitte die Tür für sie aufmachen. Ungewöhnlich ... und am heutigen Schicksalstag trotzdem irgendwie logisch: Das Kind ließ nicht wie sonst auf sich warten, sondern kam sofort und griff zur Klinke, die schwere Eingangstür ging auf und die Mutter war draußen.

Wie schnell doch heute alles klappte!, dachte sie, von der staufreien Fahrt zur Rose bis hin zu diesem Moment eben, als sie all die gegriffenen Gegenstände auf der hölzernen Gartenbank absetzte und zur hinteren Tasche ihrer Jeans griff, wo sich der Autoschlüssel befand.

Sie machte den Kofferraum auf und nahm die kleine Tüte heraus, die ihr jetzt schwerer vorkam. Als sich die Tüte zu dem anderen Zeug auf der Bank gesellte, fing sie an, ungeduldig auszupacken, hielt hoch, klebte das Stück Klebeband ab, riss schnell das Plastik auseinander, wickelte das Papier ab, schüttelte vorsichtig, dachte:

„Das Wasser, wie hat er nur das Wasser dort eingepackt, um die Wurzeln der Pflanze feucht zu halten? In noch einem Beutel, oder in nasser Watte?"

Das kannte sie von Oma, wenn sie Freundinnen Pflanzen schenkte, deren Wurzeln nicht austrocknen sollten – dann machte sie immer nasse Watte drum herum. Einige schnelle Gedanken führten sie zurück in die entfernte Heimat,

Kindheitserinnerungen über die Besuche, über den Rezept- und Schnittmusteraustausch, über die trockene Hitze, in der die Quitten ganz groß wurden ... die Erde ist anders, die Wurzeln auch ...

Ein Lidschlag ... und sie musste blitzartig, schnell, instinktiv ihre beiden Hände unter die Tüte legen, auffangen – was da herausfiel ...

„Was? Doch so eine Riesenquitte?", dachte sie, etwas Rundes in den Händen haltend, welches sich gleich im nächsten Moment doch nicht als große Quitte erwies, sondern eine kleine, runde Blumenvase mit einem spitzen Hals darstellte. Erst danach fiel die schon etwas verwelkte Rose heraus, in Form einer Schnittblume, wirklich ganz ohne jede Wurzel ... Keine Wurzel, kein Einpflanzen, kein Schicksal heute ... Wut wollte sie packen: „Wie kann er es wagen, mir eine Schnittblume zu schenken!" Verzweiflung und Vorwurf: „Das ist ihm doch gar nicht ähnlich, mir eine Schnittblume zu schenken!" Liebe: „Schön trotzdem, dass er mit etwas schenken wollte ..." Nichts: „Was soll`s..."

Kurze Pause ihres urbanen Herzklopfens. Dann, wieder ruhig, drückte sie die durchsichtige Tüte zusammen, um zu tasten, was noch darin war. Das zerrissene Zeitungspapier und etwas Wasser waren darin. Sie tastete noch weiter und entdeckte nun auch die Quitte – so groß wie eine Murmel, so klein. Die Reste warf sie in den Mülleimer, das für das Einpflanzen vorbereitete Wasser, das sie nun nicht brauchte, goss sie an der Seite aus der Kanne aus, die Pflanzenerde schüttete sie an den Stamm einer Birke. Kurz musste sie noch überlegen: „Wohin denn nun mit der Quitte?"

Sie machte den Kofferraum zu, die Blume in der Hand, steckte einige Sekunden später den Stiel der kleinen Rose in einen Blumentopf, der da herum stand, nahm Vase, Schüssel, Kanne, Schippe, Quitte in die Hand – nun ist alles viel einfacher zu balancieren, weil doch alles leer ...

... klingelte an der Eingangstür und dachte sich, dass es wohl besser wäre, wenn die Kinder sie nicht fragen würden, wo und was sie denn genau eingepflanzt hätte. Eines der beiden machte die Tür auf, fragte nichts, die Frau ging direkt durch das Haus in den hinteren Garten, in den Schuppen, schob alles ins erstbeste Regal und ging zurück ins Haus. Sie wollte morgen darüber nachdenken. Dann nahm sie ihre üblichen Beschäftigungen auf, es war an diesem Abend sehr ruhig.

Sasha Naydenova Kartchev

Flugangst

In Marias Jugend war der Flughafen etwas sehr Besonderes für sie. Sie wohnte in einem Viertel der Hauptstadt, welches sich ganz nah am Flughafen befand. Kein schönes Wohngebiet, und nicht im Geringsten attraktiver durch seine Nähe zum Airport. Schon in den ersten Gymnasialklassen fuhr sie oft mit einem Jungen nach Hause, der am Flughafen wohnte – sein Vater war Flugingenieur, was ganz Spezielles. Jedes Mal, wenn sie zum Flughafen musste, verspürte Maria eine gewisse Ehrfurcht. Vermischt mit Angst, so eine Art Unruhe. Im Nachhinein fragte sich die junge Frau, ob das wirklich Angst war oder eher ein unterschwelliger Wunsch, den Ort der Veränderungen und der neuen Horizonte, zu meiden.

    Maria ist zwar bereits mit drei Jahren geflogen, als infantiles Fleischbällchen, welches zu Oma in die Provinz verfrachtet wurde, um Wochen später mit gewachsenem Volumen wieder in die Maschine hinein geschoben und in die Hauptstadt gebracht zu werden. Das waren Flüge innerhalb der Landesgrenze und sie taten nicht im Geringsten weh. Durch sie wurde das zarte kindliche Gemüt keineswegs zerrüttet. Manchmal durfte das Mädchen sogar zum Kapitän in die Kabine, woran es sich später nur sehr dunkel erinnerte. Später gab es sicherlich auch viele Fahrten zum Flughafen und dann auch Flüge, an die Maria sich nicht erinnerte, weil diese in der Phase des unbewussten Daseins stattgefunden haben müssen.

Die Erinnerungen und Marias besonderes Gefühl in Bezug auf das Fliegen fingen erst mit dem Erwachsenwerden an.

Der Flughafen der Hauptstadt war schon immer sehr altmodisch und sozialistisch skulpturiert. Wer kennt die großzügigen, monumentalen Verzierungen der öffentlichen Ostblock-Gebäudewände nicht: Kräftige muskulöse Männer und Frauen aus Stein, mit wehenden Haaren, die ihre Arme und Blicke zielstrebig heldenhaft irgendwo nach oben richteten; diese Skulpturen waren in den Landschaften und in der Architektur so tief verankert, dass uns ihre Schönheit und ihr Wert als Meisterstücke geradezu entging. Maria hat die Flughafenhalle für die Innenflüge schon immer sehr gemocht, sie entsprach wohl farblich ihren Vorstellungen von Gemütlichkeit und Wärme. Alles war beige und verdunkelt. Das einzig Bedrohliche: Es stand eine Weltkugel aus Stein an der Seite, zum Gang hin und in Richtung Auslandsflüge. Sobald man um die Kugel gegangen war, wurde einem (oder nur ihr?) etwas mulmig. Man war dort schon im Bereich der Privilegierten. Wer durfte schon ins Ausland: Wichtige Leute aus der Partei, berühmte Nationalsportler, hochgestellte Akademiker, Mitglieder der Akademie der Wissenschaften, die zu Symposien und anderen Treffen flogen, hier und da einfache Menschen, die sich die Erlaubnis erarbeitet oder erkämpft hatten, ins Ausland zu reisen. Alles in allem sehr spezielle Personen. Marias Eltern haben hin und wieder auch dazu gehört. Sie durfte nur einmal mitreisen, mit ganz besonderer Genehmigung. An diesen Flug erinnerte sie sich nicht.

Viel später war das Fliegen gar nicht mehr so sehr Privileg des Einzelnen, das Fliegen war für alle Landsleute erlaubt, alle möglichen Menschen gingen um die steinerne Weltkugel der Flughafenhalle herum. Man baute aus praktischen Gründen ein weiträumiges zweites Terminal und irgendwann sah man die steinerne Weltkugel nicht mehr, wenn man ins Ausland reisen wollte ... sie war in der alten Halle geblieben, die graue bedrohliche Weltkugel gehörte der Vergangenheit an, sie zog sich wohl zurück, weil die neue, bunte, verlockende und schnell erreichbare richtige Weltkugel einem freundlich entgegenwinkte.

Die junge Frau durfte jetzt auch fliegen, Maria durfte jetzt auch Flugangst haben. Und sie tat beides – sie flog und hatte Flugangst. Diese Angst musste jedoch erst gelernt werden. Sie war nicht selbstverständlich, es gab sie nicht in dieser Form. Zuerst versteckte sich die Angst vor Höhen und Flügen hinter der Fassade ihrer Unentschlossenheit. Erst gab es nur die Unbehaglichkeit, das schlechte Gewissen, dass sie ihr Elternhaus verließ, auch ihre Freunde, und ins Ungewisse flog. Flughafen gleich unnatürliche Veränderung des Aufenthaltsortes, gleich ungemütliches Gefühl des Verlassens. Sie ist schließlich kein Weltbürger, sie hat Wurzeln, warum fliegt sie immer wieder in die entfernte Stadt, haben wir denn hier keine eigenen Universitäten? Bald verdrängte sie das Hin- und Her-Schwanken. Natürlich musste sie reisen – sie war jung und das erklärte alles, Veränderung und Mut mussten sein!

Die ersten Male mit anderen Studenten im Flugzeug waren beflügelnd lustig: Man trank, rauchte – ja, man durfte sich während des Fluges zu Tode rauchen und trinken, wenn man wollte – man lachte und erzählte sich. Es war ein Ereignis, man hatte keine Zeit für andere Gefühle außer Aufregung, Freude, Lachen, Neues. Auch wenn dieser eine unvergessliche Flug so wackelig war, dass alle die Wodka-Gläser an ihre Brust drückten, als seien es Fallschirme, selbst wenn die Gesichter grün angelaufen waren und im Raum kein Ton zu hören war – es waren angstfreie Zeiten, Zeiten ohne Flugangst, denn das war keine Angst um das eigene Leben, sondern Angst, dass man vielleicht die weiten unerforschten Horizonte verpassen könnte.

Eine alles verdrängende Faszination überkam Maria jedes Mal, wenn sie hier oder dort angekommen war – es war unvorstellbar – vor zwei Stunden doch ganz woanders gewesen zu sein, das kann man sich vernünftig nicht erklären, soll das schön oder beängstigend sein …? So nahm sie auch bei jedem Fliegen ihr ganzes Hab und Gut mit, weil sie nicht wusste: „Bin ich hier oder dort, bleibe ich für immer an diesem Punkt oder an dem anderen?".

Mit der zurückkehrenden Unsicherheit wuchs auch zunehmend die Angst. Irgendwann wurde deutlich: Sie hatte es gelernt, sich richtig zu fürchten. Wann und wie es dazu kam, dass sie der Inbegriff von Panik geworden war – sie erinnerte sich nicht. Ob es plötzlich oder schleichend kam, dass ihre luftige Leichtigkeit sich in Luftphobie verwandelte, ist unklar.

Alle wussten über ihre Angst Bescheid. Niemandem machte es Spaß, mit Maria zu fliegen. Kein Lachen, keine Ruhe, kein Gespräch, nichts konnte man mit ihr auf dem Flug anfangen. Sie zählte die obligatorischen 30 Sekunden nach dem Start, sie zitterte bei der Landung. Sie beteiligte sich nicht an dem damals üblichen Klatschen, als das Flugzeug die Erde berührte. Sie bestellte sich immer Wein, um zu entspannen, das half jedoch nicht. Sie entschloss sich, nie wieder zu fliegen.

Einige Monate und Jahre ging das gut, die junge Frau fuhr stundenlang in einem Bus Tausende von Kilometern, oder in einem Auto, und war dabei entspannt, denn sie hatte festen Boden unter den Füßen. Die Unfall-Statistiken waren ihr egal.

Irgendwann bekam sie Kinder, die ungern Tausende Kilometer lang auf Rädern kutschiert werden wollten. Es musste wieder geflogen werden. So fing es wieder an: Die Fliegerei ging wieder los, verbunden mit noch größeren Bedenken, denn nun war sie für weitere Leben verantwortlich und zweifelte mehrfach so viel, ob sie alles richtig machte. Auf den Flügen galt es: Solange eines der Kinder brüllte, war alles gut, Maria war beschäftigt, abgelenkt, nicht da, es konnte passieren, was wollte. Trotzdem war die Angst nicht verloren, sondern verdrängt. Die Kinder wurden nacheinander erwachsen und mussten nicht mehr von ihr betreut werden. Im Gegenteil – sie fingen an, die Mutter zu betreuen: Sie hielten mit ihr Händchen und erzählten Geschichten, damit Mama keine Angst hatte. Wie oft war es passiert, dass sie auf beiden Seiten Kinderhände drückte, um nicht laut zu zittern. Ja, sie wussten es beide und lächelten sie mitleidig an, sie liebten ihre Mutter und verstanden die Flugangst nicht.

Wegen der entfernten Heimat musste die Familie mehrmals im Jahr reisen – etwa drei bis vier Mal, entsprechend der Ferien und des Urlaubs flog sie mal allein und panikversetzt, mal mit Kindern und ruhiger. Maria entwickelte einen sonderbaren Argumentationsmechanismus: „Reise ich mit Kindern, ist es o.k., denn falls etwas passiert, sind wir alle weg und alles ist schnell vorbei, keine Komplikationen. Reise ich dagegen allein und passiert etwas, lasse ich meine Kinder allein." So naiv und dumm in etwa klang ihre Flugangstlogik. Doch sie überdauerte mehrere Jahre und fast schon Jahrzehnte. Sie entwickelte und verbesserte ihr Auf-sich-selbst-einreden, zum Schluss war ihr Problem ein offenes Geheimnis, über welches zwar alle Bescheid wussten, aber unter welchem Maria auch ganz still und einsam litt. Schließlich hatte sich ihre äußerliche Selbstbeherrschung so gebessert, dass man ihr gar nichts mehr anmerkte. So gut konnte sie sich verstellen, dass sie beizeiten selbst vergaß, wie sehr sie Angst hatte.

Auf einem Umsteigeflug aus der Heimat in die Wahlheimat saß Maria nun einmal allein, ohne Kinder, mit dickem, hoch interessantem Buch auf dem Schoß, auf dem mittleren Sitz links. Links von ihr saß jemand Unwichtiges, rechts war frei. Kurz vor dem Abflug, als alle Gäste bereits seit Längerem saßen und warteten, stieg auch die wohl letzte Passagierin ein, begleitet von einer Stewardess. Sie kamen den Gang entlang direkt zu Maria und während die sich dachte „Hier stimmt etwas nicht, gleich sitzt ein Säugling, oder noch schlimmer, eine übergewichtige, stinkende Person neben mir", näherten sich die beiden, so dass sie bald nicht nur die Spitzen der Köpfe, sondern auch ihre Gesichter sah – zwei hübsche junge Personen, die Flugbegleiterin stützte eine zierliche, kleine, dunkelhaarige Frau, behandelte sie wie ein rohes Ei oder ähnlich zittrig. Die Sitzreihe erreichend, bückte sich die Stewardess zu Maria und fragte: „Wir haben eine Angstpassagierin, könnte sie sich zu Ihnen setzen?"

Mit großer Mühe hielt sich Maria zurück, um nicht loszuprusten. „ICH als Betreuerin eines Angsthasen! Dass ich nicht lache ...!" Gott, sie konnte diesen beiden Menschen doch nicht so schnell die eigene Lebensgeschichte erzählen und ihre Flugalbträume, sie musste ruhig bleiben, so tun, als sei sie eine erwachsene Frau (was sie auch war), und einfach abnicken. So sagte sie auch ruhig: „Aber natürlich, sehr gern." Die Kleine plumpste auf den Sitz mit ihren ganzen 47 Kilo vielleicht: gepflegt, wohlriechend, weiche Haut, dezent lackierte halblange Fingernägel, schönes glattes Haar – wie sich Maria schon immer das eigene gewünscht hatte – adrette Kleidung: Eine Puppenfrau, wie sie diese Sorte Frau nannte. Sie mochte Puppenfrauen nicht, weil es ihr nie gelang, eine von ihnen zu sein. Sobald sie sich setzte, sagte das Püppchen mit sauberer Puppenstimme: „Bitte beachten Sie mich nicht, ich habe meine Rituale und ich schaffe das schon".

Maria war es ungemütlich. Sie hatte etwas auszusetzen, wollte sich dagegen wehren: „Warum soll ich eigentlich die Launen einer – wenn auch so ansehnlichen – Fremden, dieser kleinen Angeberin, der lächerlichen Zicke, dulden??? Ich habe doch auch nie mit meiner Flugangst geprahlt, dass es die ganze Welt wusste. Wer gibt ihr das Recht, die Leute so sehr mit der eigenen Person zu beschäftigen?"

Die Puppe fing an, tief ein- und auszuatmen. Sobald der Motor lauter wurde und das Flugzeug rollte, sah sie aus, als würde sie ganz außer sich geraten, ausrasten, platzen, Maria betrachtete sie mit halb verdrehten Augen. Die Maschine hob bald ab und die Nachbarin vergrub ihr Gesicht in beide Hände, atmete, schluchzte, schniefte ... Maria hatte das Bedürfnis, ihre Faust in diese dumme, hässliche, handbedeckte, geleckte, Wachspuppenfratze zu schleudern und zuzusehen, wie ihre Flugangst aus Angst vor der Faust verflog ...

Maria musste sich beruhigen, und sie tat das. Ganz schnell. Sie sah das neben ihr sitzende Häufchen theatralischen Elends an, dieses tat ihr plötzlich aufrichtig leid, sie hatte Mitleid und begriff:

Sie wird nie wieder Flugangst haben, denn sie ist nicht auf Mitleid angewiesen. Es gibt für sie viel Wichtigeres zu tun, als unsicher zu sein: Sie hatte endlich die Klarheit bekommen, dass nicht die Orte des Abflugs oder der Landung unberechenbar waren und auch nicht der Weg zwischen ihnen, sondern nur sie selbst.

Sasha Naydenova Kartchev

Die Sitzbank

Es ist Samstag. Die ganze Familie ist in den Bergen, sie ist zurück in die Stadt gefahren, um zu arbeiten. Als waschechte Städterin wollte sie abends erst spät Freunde treffen, mit ihnen bis in die Nacht reden und lachen, aber das wird sie jetzt nicht mehr tun, es ist spät geworden, sie räumt auf und sitzt dann. Hat sich vom Fertignahrungs-Stand im Supermarkt zwei Bouletten, eine gefüllte Paprika, ein gefülltes Kohlblatt und ein fertig gebratenes Steak gekauft. Das wird sie jetzt essen und dazu Rotwein trinken. Keine Lust, jemanden anzurufen, es ist schöner, hier allein zu sein.

In solchen Fällen überkommen einen ja manchmal so Gedanken: Was ist Interessantes passiert, woran will ich mich erinnern, um diese Tage nicht ungeschehen vorbeistreichen zu lassen. Gestern zum Beispiel traf sie ihren alten Freund, den Anwalt. Sie saßen nachmittags irgendwo in der Stadt und als das Treffen vorbei war und beide keine Lust oder keine Zeit mehr hatten, wollte er sie in ihre Richtung begleiten. Unterwegs wollte er zu einem Mandanten, wo er nur schnell etwas abholen sollte und sie sagte, sie warte vor dem Gebäude, wollte nicht mit hinein gehen.

So stand sie nun auf einem Kirchenplatz, hübsche Jugendstil-Häuser drum herum, und suchte mit den Augen eine Bank zum Sitzen.

In ihrem Land ist eine Art „Sitzbank-Kultur" zu Hause – auf einer Bank zu sitzen ist ganz normal, man braucht keinen

Grund dafür, man fühlt sich nicht gezwungen, müde zu sein oder Beinschmerzen zu haben, zu weinen oder Tüten zu ordnen; nicht einmal in tiefe Gedanken zu versinken braucht man, um auf einer Park- oder Straßenbank zu sitzen.

In einer ganz anderen Situation befindet man sich, solange man noch auf den Beinen steht – man fällt sofort auf, wenn man ziel- oder orientierungslos herumirrt, wenn man mit Hin- oder Herlaufen oder mit Herumstehen die Zeit vertreibt; es fällt ebenso auf, wenn man an der Ecke wartet. Man ist eben im Visier der Blicke, wenn man ohne Grund steht oder läuft, so dass man immer wieder auf die Uhr gucken sollte oder wenigstens zielgerichtet auf etwas zugehen und dann wieder zurück – einfach um die Aufmerksamkeit nicht so sehr auf sich zu ziehen ...

Sobald man jedoch eine Bank gefunden hat und sitzt, ist man sicher und man muss nichts tun ...

Es gibt Leute, die einfach so auf den Bänken sitzen – manche lesen, andere sind zu zweit und reden, alte Leute dösen dort oder starren auf ihre Gehstöcke, Opas spielen Karten oder Backgammon, Omas reden, erzählen sich Klatsch oder stricken. Es liegt vielleicht an der Wärme im Sommer, dass man in diesem Land so viel auf Bänken herumsitzt, und an der Tradition von damals.

Damals ... das ist für die junge Frau nicht so lange her wie die Sitzbank-Tradition herrührt. Über die Tradition mag sie gar nicht nachdenken ... Für sie ist „damals" vergangen genug, um so heißen zu dürfen, es liegt in der Zeit, als man noch zur Schule ging. Da saßen auch Freundinnen zusammen auf den Bänken vor dem Plattenbau und erzählten sich die intimsten Dinge ... oder sie knackten einfach Sonnenblumenkerne und warfen die Schalen auf die Erde, so dass sich nach dem Aufstehen schwarze Hügel aus Sonnenblumenkernschalen rings um die Bank häuften. Die Zungen der Mädels brannten danach stundenlang vom Salz und von den brenzligen Details.

Sie persönlich hat nie mit einer Freundin gesessen und intime Dinge besprochen, sie ist schon immer gern gelaufen, denn so wirkten die intimsten Dinge nicht mehr so intim und falls sie dabei Sonnenblumenkerne knackte, verteilten sich ihre weggeworfenen Schalen beim Laufen besser und bildeten keine Haufen.

Aber hier, gestern, das war nicht damals, es war eine ganz normale Stadtzentrum-Kirchplatz-Sitz-Situation, also guckte sie sich um, um zu sehen, wo sie sich am besten hinsetzte. Da war tatsächlich eine Bank, die zufällig so ausgerichtet war, dass sie direkt zum Eingang sehen konnte, wo ihr Freund herauskommen sollte, die Bank war auch noch leer. Die Wartende eilte dahin, indem sie natürlich aufpasste, dass ihr schneller Gang sie nicht verriet – sie rennt doch nicht mit Omas um die Wette, um einen Sitzplatz zu ergattern ... So, geschafft, sie setzt sich – alleinige Herrscherin über diese lackierten Bretter – durfte sich ausbreiten und in Ruhe warten.

Sie saß da etwas überrascht, jetzt ein Teil dieser Bank-Sitzer-Community zu sein. Es fiel ihr schnell ein – es gibt doch Leute, die ganz überzeugt so etwas tun – sie gehen zum Sitz mit der Absicht, sich zu setzen und nicht weil sie auf etwas warten. Dann sitzen sie ganz bewusst da ... Jetzt wollte die Frau auch mal ausprobieren, wie das nun so ist ... Zumal sie, sobald sie sich setzte, nicht mehr von den Anderen angeguckt wurde. Sie war ja schon eine von ihnen und konnte so unbelastet beobachten, was um sie geschah. So versuchte sie zu vergessen, dass sie wartete, strengte sich an, einfach da zu sein.

Erst fing ihr aufmerksamer Blick an, jeden einzelnen Sitzenden zu begaffen, das ging ja ganz problemlos, sitzend darf man alles ... und sich auszumalen, warum er oder sie denn so viel Zeit hat, dort zu sitzen; wie es bei ihm/bei ihr zu Hause wohl aussah, dass er/sie nicht lieber zu Hause sitzt; und ähnliche Dinge ... Die Frau war stolz! So gut gekleidet (sie macht sich nicht jeden Tag so hübsch, wie heute): In schicken Schuhen, die mit der Cognac-Farbe ihrer Handtasche abgestimmt waren, in einer Bluse, die trotz des klassischen asiatischen Touchs – breiter Kimono-Gürtel, edles Material, große Ärmel – doch sehr extravagant und modern wirkte und mit hochgesteckten Haaren, war sie heute eher eine Frau, die man sich im schwarzen Geländewagen vorstellen konnte, oder beim Shopping, aber doch nicht auf einer Bank sitzend ... Und doch war sie jetzt eine von ihnen, sie saß auf einer Bank und man guckte sie nicht mehr an.

So eitel, und nicht mehr eitel wegen dem Aussehen und den guten Klamotten, sondern jetzt vielmehr eitel wegen der unverhofften Zugehörigkeit, saß sie eine Weile da. Bis sich eine junge (?) und recht ungepflegte Frau näherte und sie fragte: „Ist der Platz noch frei?" Da unsere Beobachterin ja tatsächlich, wirklich, nur ganz links saß und sich schämte, so bürgerlich zu sein und zu verneinen, sagte sie „Ja" und die Neue setzte sich auf die rechte Seite der Bank, einen etwa 50 cm breiten Abstand zwischen ihnen beiden frei lassend. Sie seufzte und stieß dabei eine nach Zigaretten und ungewaschenem Körper stinkende Atmosphäre aus. Der Ersten war irgendwie danach, sofort aufzustehen und wegzulaufen, aber da Höflichkeit ihr besser eingeprägt war als alles andere, blieb sie sitzen und in Sekundenschnelle schossen Gedanken durch ihren Kopf: „a.) Es ist sicherlich irgendwann vorgekommen, dass ich auch mal so gerochen habe, zumal ich ja auch eine zeitlang viel geraucht habe ... das ist ja Mensch, Natur ... b.) Ich wollte ja bis vor einigen Minuten interessiert beobachten, wie die Kultur des Bank-Sitzers so ist ... c.) Ich soll mich ja nicht so haben, was soll das, was bilde ich mir ein? Warum soll ich besser sein als diese Frau ... etc." Und auch wurde ihr bewusst, dass sie ... „d.) ich war bis jetzt keine richtige Sitzende, sondern habe eigentlich wie gewohnt mein Revier verteidigt: Ganz allein nur für mich sollte die Bank sein? Wie egoistisch und unreif ... so weit von der Sitz-Bank-Kultur entfernt! Wie ich bis jetzt da saß, das heißt doch wirklich nicht, dazuzugehören. Jetzt erst wird sich meine „Mitgliedschaft" verfestigen, durch diese Frau, im Umgang und im Miteinander-Sein der Anderen."

So blieb sie sitzen und entspannte sich wieder.

Einige Minuten vergingen, bis sich von der anderen Seite der kleinen Kirchen-Garten-Anlage ein älterer Mann mit Gehstock in ihre Richtung begab ... Es sah ganz danach aus, als wolle er „Zu uns!", dachte sie (sie dachte „uns"!). Er näherte sich der Bank und man sah schon von weitem – ein Mann von etwa 80, ganz schlank, vital, und wie alle adretten alten Herren dieses Landes in heller Hose mit Bügelfalten und einem kurzärmeligen Hemd in beige ... Er sagte ..., er rief eher, mit zittriger piepsiger Stimme: „Na, die Damen, ob mir die Hübschen erlauben würden, mich dazwischen zu setzen?" So folgte dann der typische Altherren-Lacher „Heheheeeee".

„Was?", dachte sie sich „wie will DER denn auf diesen 50 cm zwischen uns sitzen? Ist der normal? Bin ich im falschen Film, ist das hier überhaupt logisch? ... aber ... vielleicht ist das die Normalität und eigentlich bin ich die Idiotin, vielleicht sitzen hier alle so wie die Sardellen und das lässt die perverse Sitzbank-Kultur zu?"

Da sagt plötzlich die muffig riechende Frau: „Ej, Zankoooo, na, wo willst'n hin, wie geht's, komm, setz dich" ... Alle Forschungsabsichten, jede Höflichkeit, jede Vernunft, wo waren sie, als die Hübsche hochschoss, als hätte sie eine Hummel in den Hintern gestochen? Hat sie sich verabschiedet? Das war ihr unbewusst, sie ging aber gekonnt würdevoll bis zur Straßenecke, wo sie sofort merkte – ein Typ mit sehr dunkler Sonnenbrille und kurz geschorenem Haar telefonierte und ging hin und her, schwarze Autos parkten dem Straßenlauf entlang ... wo war nur dieser verfluchte Bekannte, in was für ein Haus ist er denn hier hinein gegangen ... wie sollte sie nun in dieser Aufmachung warten – als Bank-Sitzerin oder als Ecke-Steherin...

... da kam er schon heraus, sie durfte wieder laufen ... was für eine Erleichterung ... nach Hause, das war ihr Ziel, sie hatte an diesem Tag nichts anderes vor.

Und heute isst sie fertig gekochtes, gekauftes Essen zu Hause, im Stehen, mit ungewaschenen Haaren, vielleicht stinkt sie; keiner, der es merkt, sie ist allein. Wer weiß schon, wie es bei ihr zu Hause aussieht. Es gibt aber auch Leute. Sie mögen es nicht, allein zu sein und haben Freunde, die auf Straßenbänken sitzen.

Über die Autorin:

Sasha Naydenova Kartchev

Sasha Naydenova Kartchev ist in Sofia, Bulgarien geboren. Zur Zeit lebt und arbeitet sie mit ihrer Familie und ihren zwei Hunden in Berlin. Die Ethnologin und Literaturwissenschaftlerin hat ihre Abschlüsse in Sofia und Berlin erworben. Sie arbeitet als freiberufliche Übersetzerin sowie als Deutschdozentin an einer Berliner Volkshochschule. Zu ihren Leidenschaften gehören neben den Spaziergängen mit Familie und Hunden auch verschiedene Sportaktivitäten (Wandern, Ski, Schlittschuhlaufen), Malen und Schreiben.

Eine Reise zur Liebe

August,
Monat, in dem ich geboren wurde.
In einem kleinen Park
unter den Sternen
auf einer Bank
habe ich Dich kennengelernt.
Ja, wir spürten, erlebten
Unsere tierische Wärme.
Und unsere Sünden teilten wir unter uns auf.
Die Augen geschlossen!
Du warst so schön!
Wie ein unschuldiges Mädchen.
Vor Freude war ich wie ein Betrunkener.
Sie öffneten sich wieder.
So nahmen wir Abschied.

Niemand,
außer uns beiden,
in der Natur
haben wir den Sonnenaufgang begrüßt!
Als du das Foto unserer Schatten
Auf dem Strand machtest,
zeichnete ich das Foto des Glücks
in meiner Seele.
Im Sommer bin ich in Deinem Schatten.
Im Winter bist du in meinem.
Im Frühling brauchen wir beide keinen.
Entspannen, nebeneinander,
Schritt für Schritt.
Ich wäre froh
Wenn ich Dein
du Mein
wir für einander zu sein
von Tag zu Tag!

© *Kocero*

Entnommen aus:

„Und meine Seele jagte den flüchtenden Worten nach..."
Schreibwerkstatt für Flüchtlinge und Folterüberlebende
Ein Projekt der BAF (Bundesweite Arbeitsgemeinschaft der psychosozialen Zentren für Flüchtlinge und Folteropfer) in Kooperation mit ihren Mitgliedszentren. [BAF, Paulsenstr. 55-56, 12163 Berlin]

Ruth Boketta

Texte aus der Schreibwerkstatt

Als freiberufliche Trainerin für Kreatives Schreiben habe ich im Evangelischen Bildungswerk Dortmund in den Jahren 2010 – 2013 Schreibwerkstätten zum Thema „Heimat" mit Flüchtlingen durchgeführt.

Menschen aus aller Welt haben dort ihre Geschichten vom Verlust ihrer Heimat aufgeschrieben. Alle sind oder waren Teilnehmende in Schulkursen des Ev. Bildungswerks Dortmund. Die Geschichten und Gedichte stammen sowohl von erwachsenen Migrantinnen, die im Philosophieunterricht Texte zum Thema „Exodus" schrieben, als auch von erwachsenen Flüchtlingen und Unbegleiteten Minderjährigen Flüchtlingen (UMF), die alle ihren deutschen Schulabschluss nachholen.

Sie kommen aus der Türkei, aus Litauen oder Russland, dem Iran, Afghanistan und aus afrikanischen Ländern wie Guinea, Kenia, Simbabwe, Ruanda und Nigeria, also aus Kulturen, wie sie unterschiedlicher nicht sein können. Sie mussten aus politischen oder humanitären Gründen fliehen:

Sie waren Kindersoldaten, flohen vor Zwangsehen, Krieg, Bedrohung oder weil ihre Familien verfolgt und misshandelt wurden.

Die Autorinnen und Autoren schreiben in der deutschen Sprache, die für sie neu, teilweise noch fremd, jedoch unschätzbar wichtig ist. Sie geben einen seltenen Einblick in ihre Fluchtgeschichte und setzen sich mit dem Thema „Heimat" auseinander. Sie zeigen den Lesern, dass Heimat als Gefühl der Zugehörigkeit und der Anerkennung Teil unserer Identität ist.

Die Texte der Schreibwerkstatt 2013 wurden im 6. Geschichtswettbewerb „War was? Heimat im Ruhrgebiet" im Juni 2014 mit dem Sonderpreis zur Migrationsgeschichte des Ruhrgebiets ausgezeichnet.

Ich danke allen Schülerinnen und Schülern für ihr Vertrauen und für ihren Mut, ihre Geschichten aufzuschreiben und uns damit daran teilhaben zu lassen.

Dr. Ruth Boketta, Dortmund, im September 2014

Foto. Heiner Montanus

Ich bin hier

Ich bin hier
Manchmal frage ich mich WARUM
Ich weiß nicht warum
Aber ich bin hier
Ich konnte nicht ein Wort sagen
Aber heute kann ich tausend Worte sagen

Ich bin zwischen fremden Menschen
Ich versuche einen Weg zu finden
Aber es ist schwer
Tag für Tag versuche ich es
Es ist schwer aber es wird besser
Ich bin hier

Ich habe viel erlebt
Hab` so viel gelernt
Unterschiedliche Menschen getroffen
Und auch etwas mitgenommen
Ich habe etwas Neues gesehen
Ein neues Leben angefangen
Es ist nicht einfach
Aber ich bin hier

© *Patience aus Simbabwe*

Exodus

Exodus

Ich bin 1977 in Ankara geboren, als jüngstes von vier Kindern. Auch wenn wir keine sehr reiche Familie waren, waren wir trotzdem immer glücklich.

Ich wollte immer Lehrerin werden, das war mein Ziel. Aber ich wusste nicht, dass ich so früh heiraten werde. Mit 15 Jahren habe ich die Schule verlassen und geheiratet, obwohl ich immer gegen das frühe Heiraten war.

1992 heiratete ich und 1993 kam ich nach Deutschland. Woher sollte ein 15-jähriges Kind schon wissen, was Heiraten bedeutet. Ich wusste gar nicht, ob ich heiraten oder ein neues Leben anfangen wollte. Oder ob ich einfach neue Orte sehen wollte, in meinem Fall Deutschland.

Als ich nach Deutschland kam, gefiel es mir hier nicht. Die ersten Jahre habe ich jede Nacht nur geweint, weil ich meine Familie vermisst habe. Mein Mann und ich wohnten mit seinen Eltern zusammen in einer Wohnung. Das erste Jahr habe ich einen Deutschkurs besucht, das hatte sehr große Vorteile für mich, ich war ein Mensch, der es sehr liebte, zur Schule zu gehen. Weil ich noch minderjährig war, haben sie mich zur Schule gerufen, aber mein Mann und seine Familie wollten das nicht wirklich – doch sie hatten natürlich auch ihre Gründe.

Dann wurde ich schwanger. Nachdem meine Tochter auf die Welt kam, verließ ich den Deutschkurs. Als meine Tochter zwei Jahre alt war, kam mein Sohn auf die Welt. Langsam hatte ich mich an das Leben hier gewöhnt, obwohl ich eigentlich immer nur zu Hause war.

Neun Jahre lang habe ich mit meinen Schwiegereltern zusammen gewohnt, dann ist jeder in eine eigene Wohnung umgezogen. In dieser Zeit ging meine Tochter in den Kindergarten und kam dann in die Grundschule. Dadurch habe ich mein Deutsch erweitert und war immer in Kontakt mit den Deutschen.

Als mein Sohn in die Schule kam, kam mein zweiter Sohn zur Welt. Bei meinem dritten Kind war ich ein ganz anderer Mensch, ich habe ihn so erzogen, wie ich es wollte. Das hatte auch einen sehr großen Einfluss auf seinen Charakter. Er ist nämlich sehr verschieden im Gegensatz zu meinen anderen Kindern.

Als ich meinen zweiten Sohn zum Kindergarten brachte und wieder abholte, sah ich immer Jugendliche an dem Gemeindehaus und habe später die Erzieherin gefragt, weshalb sie hier sind. Sie hat mir erklärt, dass sie hier sind, um ihren Abschluss nachzuholen, und dass das Evangelische Bildungswerk ihnen dieses anbietet. Ich sah auch Frauen mit Kopftüchern. Ich habe mich informiert und wollte meiner Sehnsucht nach Schule ein Ende machen. Ich habe mich angemeldet und wurde angenommen, danach wurde ich zu den Informationstagen eingeladen.

Erst ging ich zu einem Vorkurs drei bis vier Monate lang, doch dann wurde ich in die Hauptschule versetzt. Ich habe meinen Hauptschulabschluss gemacht.

Jetzt mache ich meinen Realschulabschluss. Ich bin so glücklich darüber, dass ich es nicht mit Worten erklären kann. Ich lerne nicht nur Deutsch in der Schule, sondern auch andere wichtige Sachen, die zum Leben dazu gehören. Hierzu kann ich sagen, dass ich, sozusagen, das zweite Mal auf die Welt gekommen bin. Außerdem entstehen hier sehr gute Freundschaften.

Das war mein Exodus, doch es beinhaltet nicht alles, was ich erlebt habe.

©*Fatma, 33 Jahre*

Exodus

Ich bin 1980 in einer Familie geboren, die sich seit zehn Jahren ein Kind gewünscht hat. Ich bin in Kirşehir geboren, einer Stadt in der Türkei. Meine Familie war klein, aber glücklich: Ich, meine Mutter, mein Vater und meine zwei Brüder. Ich war die Älteste der Geschwister.

Als mein Vater jung war, musste er in einer fremden Stadt arbeiten, um seinen Beruf zu erlernen. Acht Jahre später ist er wieder nach Hause gekommen. Er ist der berühmteste Motorradreparateur (Motorradmechaniker) von Kirşehir geworden.

Eines Tages hat er meine Mutter gesehen und sich sofort in sie verliebt. Meine Mutter war keine Verwandte der Familie meines Vaters, während alle meine Tanten, also die Frauen meiner Onkel, Verwandte aus der Familie meines Vaters waren. Die Eltern meines Vaters haben ihm nicht erlaubt, eine fremde Frau zu heiraten. Aber mein Vater hat meine Mutter trotzdem geheiratet und sie waren glücklich. Mein Vater hat seine Familie sehr geliebt. Er war immer hilfsbereit gegenüber den anderen.

Meine Kindheit war schön, bis mein Vater einen schweren Motorradunfall hatte. Das Bein meines Vaters war gebrochen und ganz schlimm aufgerissen. Als er im Krankenhaus war, haben die Ärzte befürchtet, dass er Krebs hätte. Die Befürchtung der Ärzte wurde bestätigt. Sie haben Krebsgeschwüre im Magen und im Darm festgestellt.

Die Kontrollen und Untersuchungen haben mehr als zwei Jahre gedauert. Er hat in dieser Zeit mehrere Krankenhäuser in den großen Städten der Türkei aufgesucht.

Eines Tages trugen die Brüder meines Vaters ihn zu uns nach Hause. Er fühlte sich stark geschwächt und ausgelaugt. Meine Mutter hat leise im Schlafzimmer geweint. Ich war fröhlich, weil mein Vater endlich nach Hause gekommen war. Um Mitternacht sind meine Onkel wieder nach Hause gefahren. Mein Vater hat weinend zu mir und meinen Brüdern gesagt: „Setzt euch alle drei hin. Ich will euch das letzte Mal ansehen."

Als ich morgens aufgestanden bin, war mein Vater schon wach. Er hat zu mir gesagt: „Du musst einen Beruf erlernen. Werde Krankenschwester und heile mich." Danach sind wir zur Schule gegangen.

Als ich wieder nach Hause gekommen bin, war unser Haus mit unseren Verwandten überfüllt. Mein Vater war tot. Ich habe ihn an diesem Morgen das letzte Mal gesehen. Ab jetzt hatte ich keinen Vater mehr. Ab jetzt war das Leben für uns schwerer geworden. Meine Mutter war eine Witwe. Sie durfte nicht allein irgendwo hin. Meine Mutter musste meinen Opa anbetteln, für uns Kohle zu kaufen, damit wir es im Winter warm hatten.

Meine Mutter hat eine sehr schwere und harte Zeit durchgemacht. Meine Onkel wollten die Vormundschaft für uns Kinder, weil sie den Nachlass meines Vaters und dessen Erbe sichern wollten, indem sie meine Mutter von allem ausschließen wollten. Meine Mutter hat sich immer gegen die Einwilligung, die Kinder freizugeben, gesträubt. Meine Onkel haben einen Plan geschmiedet, wie sie meine Mutter aus ihrem Zuhause rausschmeißen und erniedrigen konnten. Als wir uns dagegen sträubten, haben unsere Onkel gesagt, dass sie meine beiden Brüder umbringen und vergraben würden. Von dem Tag an war es für mich ein Leben wie das einer Gefangenen, in meinem eigenen Zuhause wie in einem Gefängnis. Ich lebte nur noch mit der Liebe für meine Brüder, weil sie mir alles bedeuteten.

Ich wurde mit 16 Jahren verheiratet und kam nach Deutschland, wo mein Ehemann die erste Zeit arbeitslos war. Später, als ich mit meinem ersten Kind schwanger war, hatte mein Ehemann Arbeit gefunden und wir sind aus seinem Elternhaus, in dem wir wohnten, ausgezogen, mieteten uns eine eigene Wohnung und waren sehr glücklich.

Als ich 20 Jahre alt wurde, habe ich versucht eine Verbindung zu meiner Mutter aufzubauen. Als ich mit meinem zweiten Kind schwanger war, haben mein Ehemann und ich sie nach Deutschland eingeladen. Ich habe meine Mutter nach sieben Jahren wieder gesehen.

Als meine Brüder ihren Wehrdienst in der türkischen Armee abgeleistet haben, sind sie zur Mutter gefahren und sind dann da geblieben. Ich hatte meine Brüder zehn Jahre nicht gesehen. Als wir im Jahr 2004 in den Urlaub gefahren sind, und mit der Fähre in Çesne anlegten, wo wir an Land gegangen sind, sah ich hinter dem Zaun nach dem türkischen Zoll meinen Bruder. Aber ich habe ihn nicht wiedererkannt, bis er geschrien hat: „Schwester, hast du mich nicht wiedererkannt?" Dann habe ich angefangen vor Glück und Freude zu heulen. Wir sind alle zusammen mit der ganzen Familie zu meiner Mutter gefahren, dahin, wo sie jetzt wohnt, in Izmir. Zu Hause habe ich auch meine beiden anderen Brüder gesehen, die gerade einen Wehrdiensturlaub hatten.

Meine Kinder hatten zum ersten Mal ihre Onkel gesehen. Ich war glücklich. Endlich waren wir alle zusammen, in meiner Familie.

© *Anonym, 30 Jahre*

Exodus

*I*ch komme aus Zentralafrika und bin in der Stadt Kinshasa aufgewachsen.

Es ist zwar eine moderne afrikanische Großstadt, aber auch dort gab es viele Probleme.

In meiner Familie habe ich mich sehr wohlgefühlt. Ich hatte noch fünf Geschwister. Mein Papa hatte eine gute Arbeitsstelle und meine Mama hat für die Familie gesorgt und auf dem Markt Lebensmittel gekauft. Außerdem hatte ich viele Onkel und Tanten. Ich wuchs in einer ganz normalen Großfamilie auf.

Mein Papa und meine Mama waren politisch sehr engagiert. Fast jedes Wochenende gab es eine politische Versammlung in unserem Häuserblock. Mein Papa hat diese Versammlungen oft geleitet. Das war in den Jahren 1989 – 1992, als der Präsident schon etwa 30 Jahre an der Macht war.

Aber es gab keine freien Wahlen und keine demokratische Verfassung. Deshalb gab es große Demonstrationen gegen das Regime.

Anfang Februar war auch eine große Demonstration. Diese Demonstration wurde von der Gewalt des Militärs beherrscht. Viele Demonstranten wurden auf offener Straße erschossen oder schwer verletzt. Mein Vater und andere Demonstranten wurden verhaftet.

Damals war ich 15 Jahre alt und hatte eine Ausbildung als Schneiderin angefangen. Meine älteste Schwester war 19 und mein jüngster Bruder war 11 Jahre alt.

Meine Mutter wurde schwer verletzt und kam ins Krankenhaus. Wir Kinder mussten aus unserer Wohnung fliehen und konnten heimlich bei einer Tante wohnen. Wenige Tage später verstarb meine Mutter, ohne dass unsere Familie sie noch einmal sehen konnte. Mein Vater wurde im Gefängnis so schwer geschlagen, dass er nach drei Wochen ebenfalls starb.

Die Tante, bei der wir Kinder wohnten, arbeitete an der Katholischen Fakultät und auch ihr Mann hatte eine gute Arbeitsstelle. Meine Verwandten konnten die politische Situation gut beobachten. Deshalb kamen wir nach wenigen Tagen zu der Entscheidung, dass wir Kinder unsere Stadt und unser Land verlassen sollten. Meine älteste Schwester konnte in ein Nachbarland fliehen. Die jüngeren Geschwister mussten bei anderen Familien als deren Mitglieder untergebracht werden.

Meine Tante organisierte für mich ein Visum und half mir bei der Flucht nach Deutschland. Ich hatte in Dortmund keine Bekannten und ich sprach kein Wort Deutsch – es war eine schwere Zeit.

Ich wohnte in einem Jugendwohnheim und konnte zur Schule gehen. Mein Asylantrag war sehr schwer durchzusetzen. Ich wurde jahrelang rechtlich nur geduldet und war sehr oft durch die Abschiebung bedroht. Im Jahr 1998 bekam ich meine erste Tochter. Unsere Situation war sehr oft hoffnungslos.

In Dortmund habe ich viele Freunde und nette Menschen kennengelernt. Im Jahr 2005 wurde meine zweite Tochter geboren. Mit meinen zwei Kindern lebe ich allein in einer kleinen Wohnung. Seit zwei Jahren gehe ich noch einmal zur Schule. Beim Evangelischen Bildungswerk möchte ich Ende November meinen Realschulabschluss machen.

Ich danke Gott und allen meinen Freunden, die mir in den letzten Jahren geholfen haben.

© *Anonym, 31 Jahre*

Mein Exodus

*I*ch bin 1982 in einer kleinen Stadt in Litauen geboren. Ich war das dritte und letzte Kind. Meine Schwester ist fünf Jahre und mein Bruder ist sieben Jahre älter als ich. Ich hatte eine glückliche Kindheit. Wir waren nicht reich, aber es hat uns gereicht. Mit sieben Jahren fing ich an, in die Schule zu gehen. Dort hatte ich keine Probleme, ich lernte gern.

Als ich ca. zehn Jahre alt war, erkrankte mein Vater, er hatte schon immer ein schwaches Herz gehabt. Er hatte einen Herzinfarkt und hat ihn überlebt, aber ein normales Leben konnte er nicht mehr führen – er durfte nicht mehr arbeiten und konnte viele andere Dinge, die er mal gerne getan hat, nicht mehr tun. Das hat ihn sehr geprägt. Es war auch eine schwere Zeit für mich. Ich verstand mich super mit meinem Vater und ihn so schwach und zerbrechlich zu sehen, tat mir auch weh. Der Gedanke, dass er vielleicht bald stirbt, war unerträglich.

Als ich 11 Jahre alt war, starb er. Eines Tages war ich allein mit ihm zu Hause, er hat sich angezogen und wollte angeln gehen. Ich wusste, dass er das nicht durfte, aber ich unternahm nichts und ließ ihn gehen. Ich hatte in diesem Moment ein schlechtes Gefühl, als ob ich irgendwie ahnte, dass ich ihn nie wieder sehen werde. Durch das Fenster habe ich meinen Vater mit meinen Augen begleitet, bis ich ihn nicht mehr sehen konnte.

Er kam nie wieder zurück. Es hat mehr als einen Monat gedauert, bis sein Körper gefunden wurde. Ich habe ihn aber nicht gesehen – für einen Körper war zu viel Zeit vergangen, es war nicht viel übrig geblieben. Die einzige Erinnerung an ihn war die letzte Begleitung durch das Glas des Fensters.

Meine Welt brach zusammen. Nach ca. zwei Jahren heiratete meine Mutter noch einmal, den Mann, den ich und meine Geschwister hassten. Es wurde nur noch schlimmer. Ich wollte keine Freunde mehr treffen, ich wollte nicht mehr rausgehen – einfach nur mich in meinem Zimmer einschließen und nichts mehr von der Außenwelt hören. Ich war im Pubertätsalter und in dem Moment brauchte ich am meisten meine Mutter – sie war leider nicht da.

Mit 16 bekam ich meinen Hauptschulabschluss und von dem Wunsch Abitur zu machen, war nichts mehr übrig. Ich wollte einfach weg. Weg von zu Hause, weg vom Alltag.

Ich hatte mich für eine Ausbildung als Friseurin entschieden – Hauptsache eine Ausbildung. Ich habe es aber nicht lange ausgehalten und die Ausbildung abgebrochen. Die Dunkelheit in mir war stärker. Ich bin wieder nach Hause zurückgekehrt, wieder in das Leben, das ich hasste. Ich habe angefangen wieder zur Schule zu gehen und hoffte, dass es besser wird, wurde es aber nicht. Ich habe oft die Schule verpasst, wollte einfach nicht raus aus meinem Zimmer und habe oft mit dem Gedanken gespielt, aufzuhören, bis es eines Tages auch so weit war. Ich hatte schon wieder die Schule abgebrochen, ohne einen Gedanken wie es weitergehen soll.

Ich hatte noch einen Wunsch – von dem Zuhause, das ich hasste, auszuziehen. Meine Schwester war schon ausgezogen, sie hat geheiratet und hatte schon eine Tochter. Ich beneidete sie.

Ich habe Geld gespart, jeden einzelnen Cent. Ich habe an keinen Schulausflügen teilgenommen, obwohl meine Mutter dachte, dass ich dorthin fahre. Ich habe einfach alles, was ich kriegte, zur Seite gelegt – mit der Hoffnung, dass es irgendwann für einen Neuanfang reichen wird.

Ich war 16, knapp 17, als ich anfing, nach einer Wohnung zu suchen. Kurz darauf fand ich eine, die vom Preis und von der Größe wunderbar passte. Ich habe sie gemietet. Bezahlt habe ich sie von dem Geld, das die Versicherung nach dem Tod meines Vaters ausgezahlt hat, was allerdings nur bis zu meinem 18. Geburtstag gezahlt wurde. Als ich volljährig war, hatte ich keinen Anspruch mehr auf das Geld aus der Versicherung. Das hat mich damals aber nicht interessiert, ich war einfach nur glücklich und froh, dass ich von dem Zuhause, das ich hasste, und natürlich von meinem Stiefvater, weg war.

Alles schien gut zu sein, ich hatte endlich meine Ruhe, ich war ganz allein. Das war das, was ich gebraucht habe, um wieder leben zu können, jedenfalls dachte ich damals so.

Mit der Zeit merkte ich, dass ich einsamer wurde. Ich hatte meine Schwester, zu der ich jeden Tag ging. Aber bei ihr war's auch nicht einfach gewesen, sie stritt sich ständig mit ihrem Mann.

Sie und ihr Mann waren noch jung und hatten eine achtjährige Tochter und ein Baby, gerade mal ein paar Monate alt. Finanziell ging es ihnen auch nicht gut. Sie stritten rund um die Uhr und ich war mittendrin.

Es tat mir weh, anzusehen, wie schlecht es ihr damals ging. Nach dem Tod meines Vaters waren sie und mein Bruder das Wichtigste für mich. Ich habe versucht, ihr beizustehen und ihr zu helfen. Sie hat mir oft gesagt, dass sie nicht mehr leben will und ich hatte sehr große Angst um sie.

Irgendwann war das alles zu viel für mich. Man hatte das Gefühl, dass man sich in einem Kreislauf befindet, wo nur Schlechtes lauert, wo man das Gefühl hat, dass es seine Bestimmung sei, leiden zu müssen und man sich niemals daraus retten kann. Heute weiß ich, dass es nicht so ist …

Ich träumte irgendwann davon, fortzugehen, in eine andere Stadt, ein anderes Land.

Eines Tages bekam ich ein Angebot von einer Bekannten, nach Deutschland zu kommen. Ohne überhaupt darüber nachzudenken, habe ich zugesagt.

Meine Mutter und meine Schwester haben anfangs dagegen angekämpft, sie hatten Angst, dass mir dort was passieren könnte. Aber ich habe nur auf mein Gefühl gehört, ich wollte einfach nur fort. Ich wusste, dass eine Ausreise nach Deutschland mein neuer Anfang sein würde ...

Ich kannte das Land nicht, ich kannte die Sprache nicht, alles war fremd für mich, aber ich war glücklich, hier sein zu können. Es war wie ein Sonnenaufgang nach einer stürmischen Nacht. Die Menschen schienen viel fröhlicher zu sein als dort, wo ich her kam.

Inzwischen lebe ich seit mehreren Jahren hier und fühle mich, als wäre es meine Heimat.

Ich bin die Mutter von zwei Kindern, die den wichtigsten Teil meines Lebens einnehmen. Heute habe ich auch eine Familie und weiß, dass es ab und zu auch Streit und Meinungsverschiedenheiten gibt. Heute habe ich ein Ziel in meinem Leben, und zwar, so weit es geht, meinen Kindern und den mir nahestehenden Menschen das Leben angenehm zu machen und nicht zu viel an die Vergangenheit zu denken. Ich habe meinen Weg gefunden und ich werde ihn gerade gehen.

Meine Schwester hat immer noch Schwierigkeiten in ihrer Familie, aber auch wenn wir weit voneinander entfernt leben, haben wir guten Kontakt zueinander und ich versuche ihr immer noch, so weit es geht, zu helfen. Meinem Bruder geht's auch ganz gut, er lebt auch sehr weit von mir weg. Wir haben auch ein gutes Verhältnis zueinander, obwohl wir uns sehr selten sehen.

Heute kann ich sagen: Ich bin zufrieden mit meinem Leben, auch wenn es ab und zu auch schwierige Tage gibt ...

© *Anonym, 28 Jahre*

Mind sucks
Acryl auf Leinwand, 70x50cm, 2012

Mein Land und ich

Das heißt Heimat
Das heißt Mutterland
Das heißt Familie
Das heißt Gefühl
Das heißt Identität
Das heißt Gebirge
Und immer Hoffnung

© Aziz Quoreyshi

Mein Land und ich

Das heißt Blut
Das heißt Familie und Freunde
Das bedeutet auch Gefühl
Das heißt viel Spaß und Trauer
Und halb da.

© *Anonym*

Mein Land und ich

Mein Land und ich
Das heißt Nestwärme
Das heißt enge Freunde neben dir
Dein Haus ist warm und voller Liebe
Das wiegt mehr als Gold und Silber!

© *Shamim Azhar*

Mein Land und ich

Mein Land und ich
Das heißt die Sprache, die man spricht.
Das heißt die Menschen, die man kennt.
Das bedeutet der Ort, meine Straßen, Brücken und Elternhaus.
Das bedeutet Leben, Leiden und Lieben.

© *Samim Quoreyshi*

Afghanistan

A nfang
F reundinnen
G lauben
H aus
A bfahrt
N ationalität
I dentität
S chönheit
T alisman
A nkunft
N estwärme

© *Shamim Azhar*

Afghanistan

A breise
F abelhaft
G lück
H eimat
A usreisen
N ördlich
I dentität
S chweiß
T rocken
A nker
N ett

© *Aziz Quoreyshi*

Afghanisches Volkslied

Sarsamin e Man
(Meine Heimat bzw. mein Heimatland)
(Auf Persisch)

Be aschiana gaschtam khana ba khana gaschtam
Be tu hamescha baa gam schaana ba schaana gaschtam
Eshge yagaana e man, az tu neschaana e man
Be tu namak nadarad scheer o taraana e man

Sarzamin e man khasta khasta az jafaa e
Sarzamin e man dardmand be dawa e
Sarzamin e man be sorud o nawaa e
Sarzamin e man …

Maah o sitaara e man, rahe dubaara e man
Dar hama jaa nameshod be tu gosaara e man
Ganj e tu ra rabudan, az pay e haschrat e khesch
Qalbe tu ra schekastand har ki ba nobat e khesch

Sarsamin e man, ki gam e tu ra soruda
Sarsamin e man, ki rah e tu ra goschuda
Sarsamin e man, ki ba tu wafa namuda
Sarsamin e man …

[Im Internet gibt es mehrere Videos mit diesem Song]

Afghanisches Volkslied

Sarsamin e Man

(Meine Heimat bzw. mein Heimatland)

(Deutsche Übersetzung von Dr. Mir Hafizuddin Sadri, http://www.afghan-aid.de/sarzamin.htm)

Ohne dich suche ich ein Nest kreuz und quer.

Die Trennung von dir bereitet mir weit und breit Verdruss und Kummer.

Ohne dich haben meine Lieder und Gesänge keinen Gehalt.

Die Zeichen deiner einzigartigen Liebe geben mir noch mehr Zuversicht und Kraft.

Du bist erniedrigt, ohne Liebe und geschunden.

Meine Heimat ohne Liebe und Klang,
gleicht einem Leib ohne Kur und Arznei.

Doch deine Lichtquellen und Gestirne sind das Fernlicht meiner Perspektive.

Jeder, der dir vorstand, beraubte versessen deinen Schatz
Brach nacheinander dein liebevolles Herz.

Wer sucht nach einem Ausweg aus diesem Schmerz?
Wer erhört deine Rufe nach der Bilanz?

Sri Lanka

S chön
R eligion
I dentität
L andwirtschaft
A nfang
K ultur
A nerkennung

© *Bathu*

Angola

Mag ich
Ein großes Land
Es ist sehr schön
Gefühle

© *Leandro*

🙰

Simbabwe

Stamme daher
Dahin gehöre ich
Ich bin sehr glücklich
Sicherheit

© *Patience*

Das Land

Leben, lieben
Groß und Klein
Das Land
Es gibt mir Heimat
Wir sehen es
Das Land
Groß und Klein
Leben und lieben

© Aziz Quoreyshi

Fallen angel
Mixed media auf Leinwand, Diptychon, 70x105cm, 2008

Mein Land und ich

Das heißt Heimat.
Das heißt, wo ich aufgewachsen bin.
Das heißt, wo alle mich kennen.
Das bedeutet Muttersprache.
Das Land, das ich vermisse.
Schönes Wetter und schöne Berge
Und immer Hoffnung.

© Diane

Mein Land und ich

Das heißt Heimat.
Das heißt meine Verwandten.
Das bedeutet mehr.
Das heißt Kulturen.
Schönes Land und freundliches Wetter.
Oh! Auch Freiheit und Einheit.
Das heißt Fortschritt.

Der Winterschnee
Gefallen und geschmolzen
Weiß und schön
Der Winterschnee
Er fällt
Wir sehen
Wir fühlen immer
Mein Leben
Weiß und schön
Gefallen und geschmolzen

© *Gabriel*

Mein Land und ich

Das heißt Heimat.
Angola, meine Heimat, meine Mutter.
Es ist ein großes Land
Und wunderschön.
Angola ist mein Gefühl, mein Leben und mein Traum.
Oh, oh, wenn ich an meine Vergangenheit denke,
dass ich gelebt habe,
ich erinnere mich an meine Familie
und an meine Nationalhymne.
Wie schön, wenn ich noch einmal meine Heimat
Sehen könnte.
Angola, mein Vaterland.

Mein Land
gelebt, gewachsen
groß und hell
mein Land
es liebt
sie mögen
wir lieben immer
mein Land
geliebt, gewachsen
groß und hell

© *Leandro*

Mein Land und ich

Das heißt Liebe.
Das heißt, ich bin glücklich.
Vielleicht habe ich nicht alles,
aber ich kann lachen.
Das heißt, ich kenne den Weg.
Das heißt Schönheit.
Selbstbewusst
Akzeptanz

Meine Zukunft
Geträumt, geplant
Hell und lieb
Meine Zukunft
Immer glauben
Wir machen das
Meine Zukunft
Hell und lieb
Geträumt, geplant

© *Patience*

Mein Land und ich
Das heißt Familie.
Das heißt Entwicklung.
Das bedeutet schönstes Land in Afrika.
Das bedeutet Zusammenleben und viel Kraft.
Das heißt glücklich und Stimmung.

© *Stefanie*

Mein Land und ich

Das heißt Himmel.
Das heißt Freunde.
Das bedeutet zusammen arbeiten.
Fantastische Städte und die beste Kultur.
Das heißt viel Erlaubnis, Frieden und Freizeit genießen.
Dort kann man nie vergessen.

© *Thomas*

Ankunft

Wasser auf dem steinigen Weg

Meine Mutter sagte, dass ich ein „Glücksbringer" bin. Leider hatte ich nicht viel Glück. Als ich zehn war, hatte ich bis dahin immer nur grüne Landwirtschaft gesehen. Bauern arbeiten auf den Feldern. Mein Vater hat alles gekauft, was ich wollte. Wir waren reich und glücklich bis der Krieg kam. Als ich ca.14 Jahre alt war, wurden mein Bruder und ich entführt. An einem unbekannten Platz wurden wir getrennt und dort wurde ich zwei Monate in einen dunklen Raum eingesperrt. Es war die Hölle! Ich habe auch mal gedacht, Sterben ist besser als da im dunklen Raum zu sitzen. Dann musste ich beim Verbinden verletzter Soldaten helfen. Ich hatte keine Hoffnung, dass ich überhaupt da lebendig rauskommen würde. Dann haben sie mich in einen PKW einsteigen lassen. Dort waren viele junge Leute wie ich. Sie wollten uns zu einem Kriegsfeld transportieren. Auf dem Weg zu dem Kriegsfeld ist bei einem Bombenangriff der Fahrer gestorben. Plötzlich fühlten wir uns frei und wir stiegen aus und liefen weg. Ich bin nach Hause gelaufen. Die Haustür war offen. Niemand war zu Hause. Ich habe ein Motorrad genommen und bin zum Haus meines Onkels gefahren. Auf dem Weg habe ich viele tote Körper gesehen, die einfach auf der Straße lagen. Ich habe das Haus meines Onkels erreicht. Dort habe ich meine Mutter wiedergetroffen. Sie wusste nichts über meinen Bruder und meinen Vater. Meine Mutter erzählte, dass alle meine Freunde gestorben sind. Nicht nur meine Freunde. Die halbe Stadt war schon tot. Mit traurigem Herzen mussten wir weiterziehen. Wir haben uns versteckt, um zu überleben, aber es ging nicht immer so. Mit falschen Informationen suchten Soldaten nach uns, um uns umzubringen. Wir haben jemanden gefunden, der uns aus unserem Land wegbringen konnte. Wir haben unser Land verlassen. Und dann haben wir eine Nachricht erhalten, dass mein Vater immer noch am Leben ist. Aber wir konnten nicht zurückgehen und wir wussten nicht, wo mein Bruder war oder ob er überhaupt noch lebte.

Wir sind in Deutschland angekommen. Alles war fremd für mich. In Dortmund haben wir unsere Namen registriert. Als ich gehört habe, dass wir in Deutschland sind, habe ich mir alles anders vorgestellt, als wir es im Ausländerheim angetroffen haben. Aber ich hatte andere Probleme, als über das Heim nachzudenken. Ich habe mir um meinen Vater und meinen Bruder Sorgen gemacht.

Eines Tages wurden wir nach Düsseldorf transportiert. Dort wurden wir über uns befragt. Was ich oder meine Mutter sagte, wurde mit Hilfe des Computers gespeichert. Ca. vier Wochen später wurden wir nach Hagen gebracht. Der Bus hat uns am Bahnhof rausgelassen und ist weitergefahren. Ich wusste nicht, was ich machen sollte oder wohin wir gehen sollten. Auf Englisch habe ich gefragt, was ich tun könnte. Ein alter Mann hat mir gesagt, dass ich zum Amt der Stadt Hagen gehen soll. Dort wartete eine nette Frau auf uns. Sie konnte auch Englisch sprechen. Sie hat uns geholfen und uns zu unserem neuen Zuhause gefahren. Sie hat gesagt, dass wir noch einmal zum Amt der Stadt Hagen gehen sollten, um unserer Geld abzuholen. Sie hat gesagt, welchen Bus ich nehmen sollte. Der Tag war sehr lang.

Am nächsten Tag gingen wir zur Bushaltestelle und warteten auf den Bus. Da ging etwas Komisches vor! Alle hatten eine Karte und stiegen ein. Ich hatte so eine Karte nicht. Ich wusste nicht, was ich machen sollte. Dann – ich dachte, dass alle in Deutschland Englisch sprechen können – versuchte ich mit dem Busfahrer zu reden. Fehlanzeige!!! Er konnte kein Englisch. Aber er hat verstanden, dass ich in Deutschland neu bin. Er hat Geld genommen und mir die Tickets gegeben. Ich war glücklich, dass ich es geschafft hatte. Wir haben unseren Termin beendet und wollten nach Hause fahren. Jetzt wusste ich, wie ich ein Ticket kaufen muss. Ich habe ein Ticket gekauft und bin in den Bus eingestiegen. Ich habe viele „STOP" Buttons gesehen und gedacht, wenn ich den drücke, hält der Fahrer sofort an! Also habe ich den Button nicht früh genug gedrückt. Und meine Bushaltestelle kam und ich hatte den Button nicht gedrückt und der Busfahrer hat auch nicht angehalten. Ich wusste nicht, was ich machen sollte. Ich habe den Fahrer gefragt und dann hat er an der nächsten Bushaltestelle angehalten. So habe ich gelernt, dass der „STOP" Button für die Haltestelle ist, nicht um sofort anzuhalten.

Vier Tage sind schnell vorbeigeflogen. Ich konnte immer noch kein Deutsch, Nicht ein einziges Wort. Ich habe erfahren, dass es vor meinem Haus ein Jugendcenter gibt. Ich habe mich dort angemeldet, damit ich Deutsch lernen konnte. Dort waren alle nett zu mir. Da habe ich Zahlen auf Deutsch gelernt. Meine erste Deutschstunde. Das werde ich nie vergessen. Sie haben mich gefragt, ob ich an ihrer Gruppenfahrt teilnehmen will. Die Fahrt war zu einer Bowlingbahn. Damals hatte ich noch nie eine Bowlingbahn gesehen. Ich bin mitgefahren. Das war wunderschön. Ein paar Tage später habe ich einen Brief bekommen, dass ich zur Schule gehen muss. Ich wusste nicht, wo ich Sachen für die Schule kaufen konnte. Ich habe unseren Hausmeister um Hilfe gebeten. Er ist mit mir gekommen und hat mir geholfen, die Schulsachen zu kaufen. „Wir haben alles gekauft", sagte er. Aber da fehlte etwas: Schuluniformen. Ich habe ihm das gesagt. Dann habe ich erfahren, dass man in Deutschland keine Uniform braucht.

Am nächsten Tag hat er mich zur Schule gefahren. Er hat mir geholfen, mich in der Schule anzumelden. In der Schule war unsere Klassenlehrerin sehr nett. Aber ich konnte nicht sofort mit der Schule anfangen. Es war Weihnachtszeit. Die Schuldirektorin hat gesagt, dass ich nach den Ferien wiederkommen soll. Ich habe meine Ferienzeit im Jugendcenter verbracht. Es war eine große Hilfe für mich, um Deutsch zu lernen und um Deutschland besser kennenzulernen. Mit dem Jugendcenter haben wir einen Ausflug zum Schlittschuhlaufen gemacht. Es war in Dortmund. Ich wusste nicht, wie man Schlittschuh läuft. Ich habe es versucht und ich bin ein paar Mal hingefallen. Übung macht den Meister. Ich habe es geschafft!!! Dann wollte ich eine Pause machen und bin ausgestiegen und wollte Kaffee trinken. Im Café habe ich eine kleine Mädchengruppe getroffen oder besser gesagt, sie haben mich gefunden. Es hat mich sehr überrascht, wie sich hier Frauen verhalten. Es war einfach neu für mich! Einfach neu!!! Eine von ihnen hat mich nach meinem Facebook-Namen gefragt. Ich habe ihr meinen FB-Namen gegeben. Sie hat den Namen notiert. Ich habe auf ihre Request gewartet und gewartet. Nichts ist passiert. Es könnte sein, dass sie mich nicht gefunden hat oder sie hat nur Spaß gemacht. Das wird ja wohl keiner erfahren!

Jahre gingen einfach so vorbei. Ca. zwei Jahre später: Ich hatte Deutsch gelernt und konnte auch sprechen. Aber meine Mutter ist kein bisschen weitergekommen. Sie dachte immer und immer wieder an meinen Vater und meinen Bruder. Wir haben einen Brief erhalten, dass das Bundesamt unseren Antrag abgelehnt hat. Wir haben einen Anwalt eingeschaltet. Wir konnten nicht zurückgehen, denn wenn ich zurückgehen würde, würde ich umgebracht werden.

Aus Tagen wurden Monate und aus Monaten wurden Jahre. Wir haben noch einen Brief erhalten. In dem Brief stand, dass wir nach Arnsberg gehen sollten und dort würde man uns wieder befragen. Sie haben nicht viel gefragt. Nur ein paar Fragen. Der Richter hat gesagt, dass wir draußen bleiben und warten müssten. Jede Sekunde war wie Jahre. Ein paar Minuten später kam unser Anwalt nach draußen und sagte, dass das Gericht unseren Antrag akzeptiert hat. Ich war so glücklich!

Mit dem Glück versuchten wir ein neues Leben anzufangen. Aber meine Heimat bleibt in meiner Erinnerung, wie das Wasser auf den Steinen meines Weges. Inzwischen habe ich schon die Hauptschule verlassen, machte meinen Hauptschulabschluss und im nächsten Jahr den Fachoberschulreife in Dortmund. Mein Traumberuf ist „IT System-Elektroniker", in der Zukunft will ich das werden. Das Leben ist ein steiniger Weg, ich habe noch viele Steine auf meinem Lebensweg.

© *Bathu*

Ankunft

Das Leben ist nur ein Spiel

Ich sehe die Wolken. Über den Wolken fühlt man sich in Sicherheit. Keine Verfolgung, kein Gefängnis, keine Folter ... Aber ich habe immer noch Angst. Vielleicht kehrt das Flugzeug wieder zurück. Ich habe keine Perspektive, ich weiß nicht, was später passiert, was auf mich wartet. Aber egal! Hauptsache ich rette mein Leben. Ich muss mich für alle Fälle vorbereiten.

Ich gucke durch die Scheibe, das Flugzeug fliegt und meine Gedanken fliegen auch mit. Ich hatte null Ahnung von Deutschland. Ich habe Deutschland nur im Fernsehen gesehen, in den Krimiserien und Kriegsfilmen im Iran: Detektiv Derrick oder Kommissar Rex. Als ich ein Kind war, habe ich viele Filme über den Zweiten Weltkrieg gesehen.

Wenn man früher im IRAN über Deutschland gesprochen hat, war das erste Wort sofort „Hitler". Die Filme gaben den Zuschauern das Gefühl, dass die Partisanen gut und die Nazi-Soldaten böse waren.

Wenn ich die deutsche Sprache hörte, war es für mich eine so harte, so disziplinierte Sprache – die Soldaten waren immer eiskalt. Das einzige deutsche Wort, das ich gelernt hatte, war „Achtung! Achtung!"

Als ich sechs Jahre alt war, sagte meine Mutter mir immer: „Mein Sohn, draußen ist es gefährlich. Du darfst nicht draußen spielen." – Das war die Revolutionszeit.

Das Volk wollte nicht mehr das Schah-Regime haben. Ich wusste nicht warum, aber ich kann mich sehr gut daran erinnern, dass die Leute das Foto des Schahs zerrissen haben oder das Bild bemalten: der Schah als Monster mit blutigen Augen und Zähnen. Sie waren sehr stolz!

Viele Menschen sind gestorben wegen der Revolution. Sie wollten Freiheit!?

Wir waren eine glückliche Familie. Mein Vater war von Beruf Schmied. Er hat sehr gut verdient und jedes Wochenende haben wir gefeiert. Wir hatten Gäste, mit denen wir uns unterhalten, gelacht, getanzt, getrunken, gegessen haben – es war einfach alles da. Nur Sorgen haben keinen Platz zwischen uns gefunden. Das war einfach Glück.

Zu der Zeit der Revolution begann auch ein großer Krieg zwischen den Nachbarländern IRAN und IRAK.

Warum?

Krieg mit wem?

Dieser Krieg hat acht Jahre lang gedauert. Das war eine graue und gruselige Zeit.

Meine Mutter hatte nur einen kleinen Bruder, er war die ganze Familie. Wenn er zu Besuch kam, kaufte er Süßigkeiten und spielte mit uns. Wir waren froh und stolz auf ihn. Er musste in den Krieg ziehen. Meine Mutter war dagegen. Er war 20. Nach sechs Monaten kam er nicht wieder zurück nach Hause, nur sein Körper in einer Plastiktüte. Ich habe nicht gesehen, wie meine Mutter weinte und alles erzählte. Sie ist in weniger als zwei Monaten um 20 Jahre gealtert. Mein Vater musste im Krieg als Schmied arbeiten. Fast ein Jahr war er nicht zu Hause. Ich war zehn, meine Mutter mit fünf Kindern allein. Papa hat immer Geld geschickt, das war nicht so viel, aber es reichte. Meine Mutter war Analphabetin, aber sie sagte uns immer: „Nur lernen, lernen, lernen!".

Die Stadt war dunkel und grausam. Jede Woche wurden die Toten gebracht und in der Stadt präsentiert, damit das Regime beim Volk Hass und Rache gegen Iraker bewirken konnte.

Der Revolutionsführer war Khomeini, er führte ein fundamental-radikales Regime. Mit der Zeit wurde das, was versprochen wurde, nicht eingehalten.

Um eine islamische Konformität zu erzwingen, wurde das alltägliche Leben der Menschen streng durch moralische Regeln für jedermann, sowie Bekleidungsvorschriften für Frauen bestimmt:

- Frauen mussten den Tschador in Schwarz tragen.
- Musik war verboten.
- Frauen durften nicht singen oder tanzen.
- Alkohol war auch verboten.
- Jungs und Mädchen durften nichts zusammen unternehmen.
- Kartenspiel und Schach waren auch verboten.
- Jeanshosen als westliches Symbol waren auch verboten.
- Party und Disco war auch verboten ... Einfach alles war verboten!
- Man kann sagen: „Freiheit im Knast."

... Dann kamen der Bürgerkrieg und die Hinrichtungen von Oppositionellen, die zu der Kriegszeit stattfanden und fast sieben Jahre lang andauerten, Tausende politische Gefangene (min. 5000), die im Herbst und Sommer 1988 durch den Befehl von Khomeini hingerichtet worden sind, obwohl sie zuvor zu Haftstrafen verurteilt worden waren.

Bis zu meinem 15. Lebensjahr ging ich in die Schule und hatte Ablenkung. Neben der Schule habe ich auch andere Interessen verfolgt wie Malen, Kalligrafie, Sport, Lesen. Jedes Jahr in den Sommerferien schickte mich meine Mutter außerdem zu verschiedenen Werkstätten, damit ich mir Taschengeld verdienen und beruflich etwas lernen konnte. In dieser Zeit habe ich die Bedeutung des Geldes und der Arbeit verstanden. Ich habe verstanden, wie schwer mein Vater arbeitete.

Mit 16 Jahren beschäftigten mich viele philosophische und religiöse Fragen, auf die ich keine Antworten fand.

Ein Jahr vor dem Kriegsende wurde täglich die Stadt bombardiert. Man wusste nicht, wann und wo die Bombe trifft. Jeden Abend verabschiedeten sich alle in meiner Familie voneinander und ich versuchte, die ganze Nacht wach zu bleiben, damit ich mein Leben retten konnte. Morgens, nachdem ich aufgewacht bin, ärgerte ich mich, dass ich eingeschlafen war.

Im letzten Abiturjahr musste ich mich für den Aufnahmetest einer Universität vorbereiten. Manchmal musste ich bis zu 15 Stunden am Tag lernen. Ich konnte mit einer sehr guten Note an einer angesehenen Universität die Zulassung bekommen. Ich fing mit dem Informatikstudium an.

Während des Studiums eröffnete sich mir eine neue Weltanschauung und ich erhielt für manche meiner Fragen eine Antwort. Das war ein großer Erfolg für mich, dass ich verstanden hatte, worum es ging: Das Leben ist nur ein Spiel! Man musste mitspielen. Für dieses Spiel sollte man die Regeln kennen. Dafür musste ich mich mit der Politik und Geschichte auseinandersetzen. Mit der Zeit habe ich eine kritische Sicht auf die Religionen und politischen Ziele entwickelt und mich für meine Vorstellungen engagiert. Folge des Engagements war die Bestrafung durch den Staat.

Ich saß im Gefängnis. Ich wurde gefoltert. Ich wurde beim Geheimdienst bekannt.

In der Studentengruppe haben wir ein Projekt gegen das Regime entwickelt. Leider wurden wir aber verraten und mussten um unser Leben fürchten. Ein halbes Jahr lang versteckte ich mich in IRAN.

Dann kam ich, mit Hilfe eines Schleppers, der mich 10.000 € gekostet hat, mit einem gefälschten Pass per Flugzeug nach Deutschland.

„Bitte anschnallen! Wir landen in Kürze!"

© *Anonym, 36 Jahre*

Ich heiße Abdullah und komme aus Tadschikistan

Bei allen Personen, die von „Familie, Eltern und Geschwistern" sprechen, frage ich mich, was das für sie bedeutet, weil ich diese Worte vergessen habe.

Seit ca. zehn Jahren habe ich meine Eltern nicht gesehen, weil sie mich und unsere Welt verlassen haben.

Als ich klein war, ca. ein Jahr alt, sollten meine Eltern unsere Heimat verlassen, weil dort Krieg war. Wir sind nach Afghanistan gegangen, obwohl da auch Krieg war, aber ruhiger als in meiner Heimat.

Ich bin mit meinen Eltern ungefähr sechs Jahre zusammen in Afghanistan geblieben. Da war es für mich am besten in meinem ganzen Leben. Ich hatte alles, was ein Kind in seiner Kindheit brauchte. Wir hatten viel Spaß. Ich vergesse nie die Zeit, wie meine Eltern gelacht haben. Alle Eltern wollen etwas für die Zukunft und das Leben ihrer Kinder tun. Meine Eltern wollten das auch.

Danach, als ich acht Jahre alt war, sollte ich meine Eltern verlassen, um in Pakistan etwas zu lernen.

Ich war zehn Jahre alt und lebte allein in Pakistan. Eines Tages bekam ich einen Anruf vom Freund meines Vaters, dass meine Eltern in Afghanistan gestorben sind und das war für mich sehr schwer.

Danach bin ich noch drei Jahre allein geblieben und danach in meine Heimat zurückgekehrt. Etwa drei Monate lang habe ich bei meiner Oma gelebt. In dieser Zeit hatte ich eine Menge Probleme mit den Leuten, die meine Eltern umgebracht haben.

Mit 13 Jahren bin ich dann allein nach Russland gefahren. Ich habe da jeden Tag 15 bis 16 Stunden gearbeitet, weil ich das Geld für Essen und Kleidung brauchte. Nach ca. drei Jahren musste ich Russland verlassen und bin dann nach Deutschland gekommen.

Mein erster Eindruck in Deutschland war schwer, weil ich nicht Deutsch sprechen konnte und keine Freunde hatte. Aber jetzt, Gott sei Dank, ist alles in Ordnung. Ich gehe zur Schule und habe viele gute Freunde.

Zuerst danke ich Gott, danach danke ich den Personen, die mir geholfen haben zu lernen, für alles, was sie für mich getan haben.

© *Abdullah, 18 Jahre*

Ich komme aus Guinea, das liegt in Westafrika

Ich komme aus Guinea, das liegt in Westafrika. Ich bin 17 Jahre alt und ich wohnte in Guinea zusammen mit meiner Familie. Ich habe zwölf Geschwister: wir wohnten alle zusammen. Ich war glücklich mit meiner Familie, es war eine schöne Kindheit. Alles war wunderschön und ich war sehr glücklich. Wir waren eine glückliche Familie. Wenn ich bis jetzt in Guinea gewesen wäre, dann hätte ich einen schönen Beruf gelernt oder wäre Händler geworden. Aber es kam zu Problemen, das kommt in den besten Familien vor, so dass ich nicht in der Familie bleiben konnte. Wenn ich in Guinea keine Probleme gehabt hätte, wäre ich vielleicht Pilot geworden. Das war mein Traumberuf. Nachdem ich Probleme hatte, flog ich nach Deutschland.

Als ich nach Deutschland kam, war alles neu: das Leben, die Leute,. .. alles. Jetzt bin ich ungefähr ein Jahr in Deutschland. Alles war zuerst ein bisschen schwer: die Sprache, das Essen, die Leute, aber in jedem Land gibt es Leute, die sehr gut sind. Zuerst habe ich im Wohnheim mit vielen Jugendlichen gewohnt. Dort wollte ich alles allein machen, aber ich durfte am Anfang nicht zur Schule gehen. Immer wenn ich an meine Probleme in meiner Heimat und hier dachte, konnte ich nicht mehr gut schlafen und ich fühlte mich immer krank und einsam. Als ich mich traurig fühlte, sah ich keinen Sinn mehr in meinem Leben. Ich fühlte mich krank, traurig, einsam, ohne Familie, ganz allein mit meinen Problemen: was ist das? Ich denke, eine Person in einem Tunnel ohne Licht und ohne Ausgang. Das ist unerträglich. Seitdem ich in Deutschland bin, habe ich mindestens 17 Ärzte in verschiedenen Krankenhäusern besucht. Was ist das? Keine Ahnung! Aber auf jeden Fall kein gutes Leben. Wenn alles mit meiner Familie in Ordnung wäre, dann wäre alles anders gekommen. Ungeachtet dessen habe ich die Schule angefangen. In dieser Schule habe ich Personen kennengelernt, die mir weitergeholfen haben. Jetzt besuche ich die Hauptschule, aber ich kann immer noch nicht gut schlafen, viele Gedanken sind in meinem Kopf: Wie ist die Situation zu Hause, wie wird meine Zukunft aussehen, bekomme ich eine Aufenthaltsgenehmigung, werde ich die Schule schaffen und werde ich gesund?

Ich hoffe, in Deutschland bleiben zu können, weiter die Schule zu besuchen, mich gut zu integrieren, eine Ausbildung zum Informatiker zu machen und vor allem gesund und glücklich zu werden.

© *Anonym*

Ich bin M., ich komme aus Guinea

Ich bin M., ich komme aus Guinea, Sohn von Ibrahim und Talhatou B. Ich bin in der Hauptstadt Conacry geboren und verbrachte eine wunderbare Kindheit mit meiner kleinen Familie: mein Vater, meine Mutter und ich. Aber sie war kurz.

Meine Mutter starb, als ich fünf Jahre alt war, bei der Geburt meines Bruders. Leider ist er auch gestorben.

In meiner Kindheit habe ich immer Geschenke von meinem Vater bekommen: ein Fahrrad, kleine Autos und anderes Kinderspielzeug. Er war nicht reich, aber für mich war er der reichste und beste Vater der Welt.

2005 haben das Glück, das Lächeln und mein lieber Vater mich verlassen. Er ist bei einem Autounfall gestorben und hinterließ seinen Sohn in der Hand der Natur.

Wer wird er werden?

Was wird er werden?

Nur Gott weiß das.

Danach hat sein einziger Bruder mich angenommen. Ich bin bei ihm geblieben und bin noch auf die Schule gegangen, die mein Onkel für mich bezahlt hat. Er liebte mich, wie mein Vater mich geliebt hat.

2009 ist das schlimmste Unglück gekommen. Durch die politischen Probleme in meinem Land musste mein Onkel fliehen.

Ich bin jetzt allein für meine Zukunft verantwortlich.

Durch die Gnade Gottes bin ich nach Deutschland geflogen, um eine Zuflucht zu finden.

Ich hoffe, dass ich es nicht bedauern werde, dass ich nach Deutschland gekommen bin. Also bitte ich um Hilfe von den Deutschen und ganz Deutschland.

© *Anonym, 17 Jahre*

Krieg böse
Mixed media auf Leinwand, 50x60cm, 2007

Die ersten Tage in diesem Land werde ich nie vergessen

Patience:

Die ersten Tage in diesem Land werde ich nie vergessen.

Ich war so aufgeregt, dass ich in Europa sein kann. Der erste Moment, als ich im Flughafen war, war wie ein Traum: Alles war groß und schön.

Ich kam raus und da standen viele Gebäude und Leute. Ich sah neue Dinge und wusste nicht, was ich machen sollte. Ich habe meine Sachen genommen und bin zur Information gegangen. Als ich anfing, der Frau Fragen zu stellen, hat sie mich so komisch angeguckt und hat gesagt, sie verstehe kein Englisch. Ich musste auf einen Kollegen warten.

Ich habe zwanzig Minuten gewartet und dann kamen zwei Männer. Die beiden Männer waren so groß, ich habe Angst gekriegt. Keine Wörter kamen raus; ich wollte so schnell weglaufen. Die beiden fingen an mit mir zu sprechen und ich habe ihnen erzählt, was ich brauche.

Sie haben alles erklärt und haben mir gezeigt, wohin ich gehen soll. Ich habe alles aufgeschrieben und bin gegangen. Ich befolgte alles, was die Männer gesagt hatten und ich bin nach Dortmund gekommen.

Da sah ich afrikanische Leute und habe sie über Dortmund gefragt und ganz plötzlich habe ich angefangen zu weinen. Sie haben mich beruhigt und haben mir geholfen. Ich wollte sterben. Alles war fremd und viel zu viel.

Ich werde diesen Tag nie vergessen

Gabriel:

Die ersten Tage in diesem Land werde ich nie vergessen.

Als ich in diesem Land angekommen bin, kannte ich niemanden, nirgendwo und ich konnte die Sprache nicht verstehen. Alle Dinge waren für mich sehr fremd und ungewöhnlich, auch die Leute. Ich wusste nicht, was ich machen sollte, aber Gott ist immer für mich da. Als ich hoffnungslos auf der Straße war, ohne Geld, ohne etwas zum Essen, kam plötzlich ein Mann, der sich als Bundespolizist vorgestellt hat und fragte mich: „Wer bist du? Woher kommst du und wie heißt du?" Aber leider konnte ich ihn nicht verstehen. In diesem Moment wusste er, dass ich neu bin und er hielt mich fest und nahm mich zu der Polizeizentrale mit. Dort habe ich meine Situation erzählt. Danach hat die Polizei mich zu einem Jugendheim gebracht.

Thomas

Die ersten Tage in diesem Land werde ich nie vergessen, weil es sehr traurig bei mir und meinem Bruder war.

Zuerst hörten wir die Sprache der Deutschen sprechen und wir hatten gar nichts verstanden.

Ich erinnere mich an etwas: Wir wollten etwas einkaufen, ich meine Essen. Wir konnten die Sprache nicht sprechen, obwohl wir das Essen gesehen haben, aber wir konnten den Namen nicht sagen. Danach wollten wir nach Hause fahren und dann hatten wir kein Ticket dabei. Dann hatten wir mit einem Autofahrer gesprochen, dass wir kein Ticket dabeihaben, aber wir wollten nach Hause fahren. Das war eine sehr freundliche Person, weil er uns nach Hause gefahren hat. Er hat kein Geld von uns genommen. Schließlich hat er uns auch Geld gegeben.

Ich kann nur sagen, er war ein guter Mensch.

Aziz Quoreyshi

Die ersten Tage in diesem Land werde ich nie vergessen. Ich war mit meinem Cousin vor einer Woche in Deutschland angekommen. Ich musste in die Stadt einkaufen gehen.

Aber ich wusste nicht, wie man dorthin kommen konnte.

Ich habe mit meinem Onkel telefoniert und er hat mir geholfen. Ich habe die U- Bahn genommen und dann hatte ich Angst, ob ich wirklich Richtung Frankfurt HBF gefahren bin. Ich habe jemanden gefragt: „Frankfurt HBF"? Sie hat gesagt: „Ja". Ich konnte nicht Deutsch sprechen.

Trotzdem habe ich die Stadt gefunden. Das war wunderbar: so schön und so groß.

Samim Quoreyshi

Die ersten Tage in diesem Land werde ich nie vergessen, ich bin gerade in Deutschland angekommen.

Ich war bei meinem Onkel in Frankfurt und habe mit meiner Cousine gespielt, und sie haben Deutsch gesprochen.

Ich konnte überhaupt kein Deutsch sprechen. Ich fühlte, dass ich in Deutschland fremd bin und ich habe mich gefragt: Wo bin ich?

Was mache ich hier?

Ob ich in der Zukunft Deutsch sprechen kann?

Die Menschen, die Straßen, die Wohnung, alles war für mich fremd.

Ich bin schon zwei Jahre in Deutschland. Ich kann ein bisschen Deutsch reden und schreiben, bald möchte ich in Deutschland eine Weiterbildung machen.

Ich bin so froh, dass ich in Deutschland bin.

Diese Reise bedeutet für mich viel.

Cyril Martins, 17 Jahre

Der schönste Tag in meinem Leben war der Tag, als ich nach Deutschland gekommen bin. Ich hatte gedacht, dass es für mich unmöglich sein würde.

Ich hatte früher in meiner Heimat ein schlechtes Leben und ich versuchte, noch mal ein gutes Leben zu haben.

In meiner Heimat gab es viele Probleme, dass meine Familie und ich keine Ruhe mehr hatten. Wir konnten nicht essen und schlafen. Für mich war es zu viel, so dass ich nicht mehr zur Schule gehen konnte. Dann sagte ich mir, dass ich in ein anderes Land ausreisen müsste, egal was passieren würde.

Endlich bin ich nach Deutschland ausgereist. Der erste Tag in Deutschland war der schönste Tag in meinem Leben, weil ich zur Schule gehen und Deutsch lernen konnte.

Anonym

Den ersten Tag in diesem Land werde ich nie vergessen. Ich bin um 17 Uhr angekommen. Der Sicherheitsmann hat mich nicht ins Heim gelassen, deswegen wusste ich nicht, wohin ich gehen sollte. Leider hatte ich kein Geld und es wurde bald Nacht. Ich hatte große Angst und weinte. Danach habe ich einen iranischen Mann getroffen und ihm habe ich meine Situation erklärt. Er half mir und hat mich nach Hause mitgenommen. Da habe ich einen Tag geschlafen.

Am nächsten Tag bin ich noch mal dorthin gegangen und sie haben mir einen Raum gegeben. Nach zwei Monaten wurde ich Iserlohn zugeteilt. Ein Jahr lang habe ich gar nichts gemacht.

Ich vermisste meine Heimat, meine Familie, Freunde und alles. Ich habe fast jeden Tag geweint.

Anonym, 17 Jahre

Am 22. Juni war mein erster Tag in Deutschland. Sofort habe ich Asyl beantragt und war dann zwei Wochen in Hemer. Zwei Wochen später bekam ich einen Brief, in dem stand, dass ich nach Dortmund fahren muss. Zwei Tage später fuhr ich von Hemer nach Dortmund. Seit dem 22. Juni wohne ich in Aplerbeck.

Das Leben in Deutschland ist so wunderbar, dass ich nicht nach Afrika zurückkehren will, sondern lieber in Deutschland bleiben möchte.

Nach meinem Asylantrag habe ich viel Spaß gehabt und viele Leute kennengelernt. Das Lustige war, dass ich kein Deutsch sprechen konnte und ich aber mit den anderen weißen Leuten reden wollte. Aber die verstanden mich leider nicht, lustig, oder?

Das Wetter ist so wunderbar, Sommer und Winter. An dem Tag, an dem ich nach Deutschland kam, war es nicht so kalt.

Ich erlebte viele Missverständnisse, manchmal in der U-Bahn. Zum Beispiel sagt die Stimme „Stadthaus" und sofort steige ich aus. Aber eigentlich wollte ich am „Stadtgarten" aussteigen. Das ist dumm, oder?

Das deutsche Essen gefällt mir so sehr und es schmeckt so gut, z.B. Spaghetti Bolognese, Kartoffeln, und gebratene Eier, Brötchen und Käse, Wurst und so vieles. Alles schmeckt super.

Die Unterschiede zwischen meiner alten und meiner neuen Heimat sind sehr groß: In Deutschland gibt es viele Verkehrsmöglichkeiten, z.B. das Fahren mit der U-Bahn, dem ICE, RE und mit dem Bus. In meiner Heimat gibt es nur das Auto oder den Bus.

Deutschland ist ein wunderbares Land und sehr schön, schöner als mein Land.

In Deutschland gibt es viele Möglichkeiten zu arbeiten, in Afrika nicht.

Das Wetter ist so schön und wunderbar, im Sommer und im Winter.

Es gibt viele Unterschiede zwischen Deutschland und meiner Heimat. Aber die Wahrheit ist, dass Deutschland besser als meine Heimat ist.

Ich habe nur einen Wunsch: Ich würde mich freuen, wenn ich meine Papiere haben kann und ich dann für immer in Deutschland bleiben kann.

Deutschland und ich

Das heißt Gastland
Das heißt mein Land der Rettung
Das bedeutet vielfache Angst
Gute Leute und wunderbare Freunde
Das heißt für mich Hoffnung
Das bedeutet Zukunft
Unsicher und hoffnungsvoll
Immer mit Angst, aber selten mutig
Vielleicht Sicherheit und immer Hoffnung
Hoffnung und hoffnungsvoll

© Aboubacar Sidiki Sow, 17 Jahre

Deutschland und ich

Das heißt Gastland.
Das heißt Land der Hoffnung
Und das Einzige. Das bedeutet Land der Sicherheit.
Das heißt Land der Rettung.
Das heißt Land der vielen Möglichkeiten.
Und das bedeutet Land der Zukunft.
Das heißt Land des guten Lebens.

Deutschland und ich

Das heißt:

Mein Land der Rettung
Bestes Land in Europa
Das Land, in dem ich lebe
Das Land mit vielen Möglichkeiten
Das Land mit mehr Sicherheit
Das Land, wo ich Hoffnung habe
Das Land, wo ich geliebt bin.

© *Mamadou Bah, 17 Jahre*

Deutschland und ich

Das heißt zweite Heimat
Das heißt Anfang bei Null
Besondere Städte und andere Menschen
Das heißt viele Möglichkeiten
Die zweite Sprache
Aber es ist immer noch schwer zu akzeptieren
Ich weiß nicht warum?

© *Shabnam Azhar*

Deutschland und ich

Das heißt zweite Heimat.
Das heißt grün.
Das heißt ruhig.
Das heißt Freiheit.
Das heißt sehr schön.
Manchmal Wut.
Das heißt Sicherheit.
Das heißt Zukunft.

© Aziz Quoreyshi

Deutschland und ich

Das heißt Freiheit
Das heißt schönes Leben
Das bedeutet Gefühl
Viel Demokratie
Ich bin halb hier.

© *Anonym*

Deutschland und ich

Das heißt Freiheit
Das heißt Termine
Das bedeutet das Leben
Schöne Städte und wunderbare Landschaften
Das heißt wunderschön
Das bedeutet Muttersprache und Vaterland
Geschichten und schlimme Zeiten sind vorbei
Manchmal Mut
Manchmal Wut
Und immer Hoffnung

© *Bathu*

Deutschland und ich

Das heißt nette Leute.
Das heißt ein schönes Land.
Das bedeutet fremde Sprache.
Sicheres Land.
Das heißt Zukunft.
Freiheit.
Das bedeutet weitere Bildung

© *Samim Quoreyshi*

Deutschland

Deutschland ist –
Die echte Demokratie, das Symbol der Einheit.
Deutschland ist –
Die beste Technologie, das Land der Freiheit.

Deutschland heißt –
Viele Weltstädte, Millionen fremder Menschen.
Deutschland heißt –
Mercedes, BMW, Porsche, Audi und Volkswagen.

Deutschland heißt –
Prachtvolle Natur, wunderschöne Landschaft.
Deutschland heißt –
Respektvolle Menschen, friedliche Gemeinschaft.

Deutschland heißt –
Ständiges Warten auf schönes Wetter.
Deutschland heißt –
Meiste Zeit kalt, viel Schnee im Winter.

Deutschland heißt –
Weltberühmte Autobahn ohne Geschwindigkeitsbegrenzung.
Deutschland heißt –
Pünktlichkeit, alles systematisch, überall Recht und Ordnung.

Deutschland heißt –
Currywurst mit Pommes,
etwa dreihundert Sorten Brot und Brötchen.
Deutschland heißt –
Weimarer Klassik, Mondscheinsonate
weltbekannte Brüder-Grimms Märchen.

Deutschland heißt –
Quantenphysik, Relativitätstheorie,
Gesetze der Planetenbewegung.
Deutschland heißt –
Deutsche Sprache, schwirige Dativ-,
Akkusativ- und Adjektivendungen.

Deutschland heißt –
Schönste Weihnachtsmärkte,
größtes Oktoberfest der Welt,
traditionelle Lederhose und Dirndl.
Deutschland heißt –
Liebe für Schwarz-Rot-Gold, Arbeit, Auto und Fußball.

Deutschland ist –
Das Asyl der gefährdeten Menschen, die Sicherheit des Lebens.
Deutschland ist –
Die Garantie der Grundbedürfnisse, das Land des Friedens.

Deutschland ist –
Der Traum einer fröhlichen Zukunft,
die Unterstützung für Bildung.

Deutschland heißt –
Viele Möglichkeiten,
für die Flüchtlinge immer ein Stück Hoffnung.
Deutschland heißt –
Kulturelle Vielfalt, kein Kompromiss mit Rassismus
Sektierertum und Gewalt.

Deutschland ist –
Das beste Beispiel der Toleranz,
die zweite Heimat aller Welt.

© *Anandh Razeeb*

Back home
Mixed media auf Leinwand, Diptychon, 70x105cm, 2008

Deutschland und ich

Das heißt zweite Heimat.
Das heißt, wo ich gerade lebe.
Das bedeutet, wo ich mich wohl und geborgen fühle.
Schöne Städte, schöne Gebäude,
wo ich in der Nacht laufen kann,
wo ich in Sicherheit bin,
wo ich hoffe, dass alles gut wird.

© *Diane*

Deutschland und ich

Das heißt Gefühl.
Das heißt, wo ich bin.
Das heißt schöne Menschen.
Das heißt zusammen.
Geschichte und Aktivitäten.
Das heißt Liebe und Sicherheit.
Deutschland. Die Zukunft ist hell.

© *Gabriel*

Deutschland und ich

Das heißt Deutschland,
wie schönes Land, ich glaube,
das wäre meine zweite Heimat.
Ich liebe Deutschland von ganzem Herzen.
Als ich nach Deutschland gekommen bin,
habe ich immer an mein Land gedacht,
aber jetzt nicht mehr.
Ich glaube, Deutschland ist meine zweite Heimat.
Ich liebe Deutschland.

© *Leandro*

Deutschland und ich

Das heißt neues Leben.
Was Neues lernen.
Eine andere Welt sehen.
Das heißt allein stehen.
Manchmal schwer, aber
nie aufgeben.
Einsam aber stark.
Vielleicht Hoffnung.

© *Patience*

Deutschland und ich

Deutschland ist meine zweite Heimat.
Ich liebe Deutschland,
wo ich mich gut fühle
wo ich sicher bin
wo ich in die Schule gegangen.

© Rafiou

Deutschland und ich

Das heißt Reichtum.
Das heißt Liebe.
Das bedeutet großes Land und neu.
Das heißt viel Energie.

© Stefanie

Deutschland und ich

Das heißt Ort.
Dort sind fremde Menschen.
Dort vermisst man, wenn man gute Laune hat.
Das bedeutet beste Bildung.
Dort kann man seine Meinung sagen.
Schöne Städte und die beste Kultur.
Das heißt viele Gesichter.
Dort kann man sich wohl fühlen.
Ein Ort, wo man immer Lust, Glauben und Sicherheit hat.

©*Thomas*

Heimat

Sanandaj, meine Heimatstadt
geboren und aufgewachsen
rot und schön
Sanandaj, meine Heimatstadt
Ich schweige
Ich habe Heimweh
Ich warte immer
Sanandaj, meine Heimatstadt
rot und schön
geboren und aufgewachsen

© *Karo Gavily, 17 Jahre*

Heimat

Die Heimat.
Gefühlt, Gerochen.
Grün und Weiß.
Die Heimat.
Sie ist schön.
Ich erinnere mich.
Sie bleibt immer schön.
Die Heimat.
Grün und weiß.
Gefühlt, Gerochen.

© Abdullah Farhad, 18 Jahre

Heimat

Meine Heimat
Gefühlt, geschmeckt
Schön, fantastisch
Meine Heimat in meinen Erinnerungen
Sie duftet.
Ich lebe
Sie glänzt immer
Meine Heimat
Schön, fantastisch
Gefühlt, geschmeckt
Ich vermisse meine Heimat
Es gibt Erinnerungen
Meine Heimat, oh meine Heimat
Vermisst, gewünscht.
Angst, Hoffnung,
Meine Heimat sehr weit
Es tut weh
Ich denke an meine Heimat
Sie ist mein Stern

© *Aboubacar Sidiki Sow, 17 Jahre*

Wo haben fremde Menschen ihre Heimat?

Warum
können die Armen ihre Heimat nicht selbst aussuchen?

Warum
dürfen Menschen nicht ihr Schicksal bestimmen?

Warum
dürfen sie nicht einen Weg finden?

Heimat ist ein Ort,
wo ich besser sein kann

Heimat ist,
wo mein Herz ist

© *Patience*

Heimat

H aus
E ssen
I dentität
M uttersprache
A bstand
T raditionell

© *Diane*

Familie

Sind mit mir
Sie kümmert sich um mich
Ich bin sehr glücklich
Bedanken

© Stefanie

Meine Heimat

Heimat ist das Land, wo ich geboren bin,
der Boden meines ersten Kriechens.

Heimat ist der Ort, wo ich nicht fremd bin,
das Heim meines Friedens.

Heimat bedeutet –
mein freudiges Leben mit meiner Familie gemeinsam,
mein Freundeskreis, den ich hier sehr vermisse.

Heimat bedeutet –
leckere Gerichte, die ich hier nicht mehr essen kann,
die Mondnächte im Herbst, die ich nie vergesse.

Heimat bedeutet –
meine eigene Sprache sprechen,
kein Problem haben, mein Gefühl auszudrücken.

Heimat bedeutet –
meine eigene Kultur, bekannte Sitten,
keine Schwierigkeit, mit Menschen umzugehen.

Meine Heimat!!

Da besitze ich einen vollständigen Reisepass,
keine Aufenthalts-Gestattung oder komische Duldung.
Vor Abschiebung habe ich dort keine Angst,
brauch' nicht alle drei Monate eine Ausweisverlängerung.

Heimat ist die Nostalgie meines einsamen Lebens –
hier in Deutschland,
auf dem Bett schweigend die Erinnerungen wiederkäuen,
auf einmal die Augen nass entdecken.

Heimat ist das Wohlgefühl in meinem betrübten Herzen –
hier im Ausland,
meine Mühe, alle Enttäuschungen wegzuschmeißen,
mein Mut, allen Widrigkeiten gegenüberzustehen.

Heimat bedeutet mein Eigenheim, meine Freiheit,
mein Leben ohne Begrenzung.

Heimat ist mein letztes Asyl, meine größte Identität,
meine allerletzte Hoffnung.

Meine Heimat!!

Meine sorglose Kindheit, meine ruhelose Jugend.
Da ist meine Erde, die schönste Zeit meines Lebens.

© *Anandh Razeeb*

Heimat

Schön
Stadt Hattingen
Ich wohne dort
Ich liebe meine Nachbarn
Freundlich

© *Samim Quoreyshi*

Heimat

H aus
E motion
I dentität
M ein
A ngehörigkeit
T radition

© *Moezza Kamran*

৶৶

Heimat

Geglaubt, geträumt
Hell und warm
Die Heimat
Sie scheint
Wir hoffen
Ich vergesse nie
Die Heimat
Hell und warm
Geglaubt, geträumt

© *Shamim Azhar*

Heimat

H offnung
E rwachsen
I dentität
M utterland
A fghanistan
T räumen

© *Shabnam Azhar*

Heimat

Herzlich
Herzlich denken
Heimat Herzlich denken
Ich erinnere mich immer
Heimat

© *Anonym*

Heimat

Land
Vermisse dich
Ich komme zurück
Wenn kein Krieg mehr
Ich möchte ein ruhiges Land
Wo ist meine Heimat?
Afghanistan Iran Deutschland?
Mein Glücksgefühl
Heimat

© *Samim Quoreyshi*

Heimat

Heimat
Meine Nationalität
Meine Heimat Afghanistan
Ich vermisse dich sehr
Afghanistan

© Aziz Quoreyshi

Heimat

Heimat
Meine Identität
Alle brauchen Identität
Das macht meine Persönlichkeit
Ich

© *Moezza Kamran*

Freunde

Freunde
Kavin, PrakateeshIch vermisse sie
Sie leben nicht mehr
Krieg

© Bathu

⁂

Palestine
Materialcollage und Acryl auf Karton, 56x42cm, 2004

Aber für mich hat Zuhause eine andere Bedeutung

In der Schule hat es wieder mal geläutet. Die Schulsachen werden eingepackt. Die Schüler freuen sich. Endlich kann man nach Hause gehen. Kein Druck mehr und nichts, was einen ärgern kann.

Aber für mich hat Zuhause eine andere Bedeutung. Farhad möchte seine Geschichte erzählen, wenn er könnte! In mir sage ich zu meinen Mitschülern: Ihr habt es gut! Ihr habt immer jemanden, der euch den Rücken decken kann. Gleich macht ihr die Hausaufgaben, dann seht ihr vielleicht fern. Eure Eltern werden auf euch stolz sein. Am nächsten Tag werdet ihr wieder fit in die Schule gehen.

Aber was ist mit mir? Ich möchte nicht nach Hause! Warum eigentlich nicht? Meine Schmerzen haben sich wie ein Seil um meinen Hals gewickelt. Ich setze mich, dann sage ich mir wieder, ob meine Geschichte nicht schlimmer war als die Romangeschichte „Elend" (von Victor Hugo).

Die Geschichte ‚Flucht zu einer Grenzstadt'. In einem Zimmer ohne Licht, nur geliehene Kerzen, in einem Haus, in dem die Mutter Fieber hatte, aber kein Geld für das Medikament.

Warten bedeutet bis wann?
Wer rettet diese Seele, ein Wesen voll Schmerzen und Stress? Egal, wie oft ich geschrien und geweint habe. Am Ende hat es so ausgesehen, dass mein Schrei sich drehte und

zu mir zurückkehrte. Zu Hause, auf der Straße, sogar im Unterricht, in meinen Gedanken. Wie soll ich morgen acht Stunden vor dem Tor des Gefängnisses warten, bis ich meinen Vater nur für 15 Minuten sehen darf?

Es war nicht wichtig, dass ich nur Brot zu essen hatte, wichtig war es, dass der große Herrscher meine Kindheit geraubt hat.

Sterben will ich nicht, das Leben ist wertvoll. Der Grund meines Lebens ist meine Familie. Die Familie, die kein schönes Leben hatte. Sie wollten schon, aber die Feinde haben es nicht erlaubt.

Mach dir keine Sorgen, dass Gott dich so auf die Probe stellt. Er hat es schon mit Farhad probiert. Für Gott war ich wie eine Maus im Labor. Die Ergebnisse der Versuche waren nicht gut.

Wenn ich meine Probleme nenne, will ich mich damit trösten. Ich will nicht die Ursachen erforschen. Das Resultat ist mein ruiniertes Leben.

Richtig, mein Rücken ist unter dieser Last krumm geworden, dabei ist es wichtig, dass ich immer noch ein afghanischer Junge bin.

Irgendwie blüht in mir noch Kraft. Ich glaube an die Zukunft und sie glaubt an mich.

© *Farhad*

Zwei Heimaten

Heimat ist mein Leben. Was immer ich bin, bin ich aufgrund meiner Heimat. Als ich mein Land verlassen habe, fühlte ich, dass ich alles verloren hatte und ja, das war die Wahrheit.

Ich habe meine Familie, meine Freunde, meine Identität und meine Zugehörigkeit verloren. Kurz gesagt, ich habe mein ganzes Leben verloren. Ich habe geatmet, aber nicht gelebt. Ich war immer traurig, ruhelos und unzufrieden. Ich hatte keine Ahnung, wie ich nochmal aufleben kann. Ich verstehe, dass man materielle Dinge verlieren und trotzdem weiter bestehen kann, aber nach dem Identitätsverlust ist es schwer zu leben.

Ich begann, die Hoffnung zu verlieren. Ich war von dem Hügel gefallen. Ich brauchte, um sie wiederzugewinnen, mein Gefühl der Zugehörigkeit und Identität, um zu überleben. Ich habe mich immer gefragt, wie es möglich sein kann, dass ein Stück Land zu verlassen so viel verändern kann. Ich bin immer noch die gleiche Person. Warum ist das für mich so wichtig?

Ich versuchte, das Gefühl. Die Entwicklung war langsam, aber mit jedem Tag begann ich, mich besser zu fühlen. Jetzt habe ich Hoffnung, dass ich den Berg besteigen kann. Ich habe gelernt, dass Heimat nicht nur ein Ort ist, wo wir geboren sind, sondern es ist das Gefühl, das wir von Menschen bekommen, das Gefühl der Akzeptanz, der Zugehörigkeit und Liebe, und um dieses Gefühl zu entwickeln, müssen wir die Menschen zuerst akzeptieren. Wir müssen sie akzeptieren und lieben und langsam werden sie anfangen, uns zurückzulieben.

Ich habe einen ersten Schritt in die Richtung, Deutschland zu meiner zweiten Heimat zu machen, getan. Ich bin sicher, bald werde ich zwei Heimaten haben.

© *Moezza Kamran*

Das Leben

Geboren, Gestorben
Glück und Hoffnung
Das Leben
Wir versuchen
Es bleibt
Ich vergesse niemals
Das Leben
Glück und Hoffnung
Geboren, gestorben

© *Samim Quoreyshi*

Das Leben

Herausgefordert, gelöscht
Hell und dunkel
Das Leben
Es läuft
Es schmückt aus
Es wechselt immer
Das Leben
Hell und dunkel
Herausgefordert, gelöscht.

© Moezza Kamran

Mein Herz

Mein Leben
Gefunden, gehört
Süß und attraktiv
Mein Leben
Er hat mein Herz
Wir sind immer zusammen
Es klopft mein Herz
Sportlich und sympathisch
Geliebt, genossen

 Stefanie

Das Leben

Geschaffen, geglaubt
Hell und dunkel
Das Leben
Es kann
Wir fühlen
Wir sehen immer
Das Leben
Hell und dunkel
Geschaffen, geglaubt

© Thomas

Mein Leben

Gehofft, geträumt
Intelligent und freundlich
Mein Leben
Es klappt
Ich glaube
Ich fühle immer
Mein Leben
Schwer und leicht
Gehabt, gewünscht

© *Diane*

Meine Hand

Er nimmt meine Hand
Ich habe Angst aber mit ihm
Ich habe keine Angst
Er nimmt meine Hand
Komm mit mir, sagt er
Aber wohin weiß ich nicht

So lang hatte ich gewartet
Gewartet auf jemand mich zu retten
Endlich ist er da
Wo war er die ganze Zeit
Frage ich mich
Aber er ist da
Er nimmt meine Hand

Schritt für Schritt
Fangen wir unseren Weg an
Einen Weg zu einem besseren Leben
Einen Weg zum Erfolg

© *Patience*

Exil e.V. – Osnabrücker Zentrum für Flüchtlinge

Das Honorar der Autorinnen und Autoren dieser Anthologie und auch ein großer Teil des Verlagsanteils am Buchverkauf geht dankenswerterweise an den Verein Exil e.V. in Osnabrück.

Der Verein Exil e.V. wurde 1988 als eingetragener gemeinnütziger Verein in Osnabrück gegründet. Seither setzt sich der Verein in vielfältige Form ein für die Belange der in Osnabrück lebenden Migranten und Migrantinnen, in erster Linie durch

- *Beratung und Unterstützung von Flüchtlingsfamilien und Einzelpersonen*
- *Öffentlichkeitsarbeit*
- *Kulturelle Aktivitäten*
- *Sprachkurse für Asylbewerber_innen*

„Migration hat vielfältige Ursachen. Wir haben nie danach differenziert, was die Motive dafür waren, wenn es darum ging, Hilfe anzubieten. Alle sind willkommen, die als Ausländer zu uns kommen mit ihrer spezifischen Problematik des Fremdseins in einem Land, das Schwierigkeiten damit hat, mit offenen Armen auf seine Neubürger zuzugehen. Dabei soll aber auch klar gestellt werden, dass uns die Flüchtlinge, die aus Furcht vor politischer Verfolgung oder weil sie vertrieben wurden, zu uns kamen, besonders am Herzen liegen.

Sie sind innerhalb der Gruppe der Migranten diejenigen mit den wenigsten Rechten und befinden sich in der fragilsten aufenthaltsrechtlichen Situation."

Andreas Neuhoff,
1. Vorsitzender des Exil e.V.
Osnabrücker Zentrum für Flüchtlinge
www.exilverein.de
https://www.facebook.com/Exilverein

Aufruf:

Wir sind auf Ihr/Euer Engagement und auf Ihre/Eure Spenden angewiesen, um unsere Arbeit gut und erfolgreich machen zu können.

Spendenkonto:
Exil e.V.
Sparkasse Osnabrück – BLZ 265 501 05
Konto-Nr: 5 4 5 8 5
IBAN: DE39 2655 0105 0000 0545 85
BIC: NOLADE22XXX

Auf Wunsch stellen wir gerne
eine Spendenbescheinigung aus.

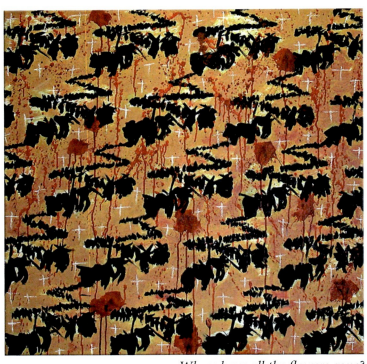

Where have all the flowers gone?
(Countermarch of the German Soldiers from Russia, 1943/44)
Mixed media auf Leinwand, 100x100cm, 2005

Über den Künstler:

Bernard Bieling

... hat seine Werke für die Illustration dieser Anthologie kostenlos zur Verfügung gestellt, wofür wir ihm im Namen aller Beteiligten danken.

Geb. 1952 in Bergisch Gladbach, lebt und arbeitet er in Ruppichteroth bei Köln/Bonn.

Er studierte Kommunikationsdesiwgn (Fotografie, Grafik und Kunst) an der Muthesius Hochschule in Kiel und arbeitete danach als Designer in der eigenen Werbeagentur. Seit 2000 ist er hauptberuflich als freischaffender Künstler tätig.

Weitere Infos finden Sie auf seiner Homepage:

www.gallery-art4you.de

oder über diesen QR-Code:

Inhalt

Todor „Toscho" Todorovic – Vorwort –
Ich bin ein D.P., eine „Displaced Person"!. 6

Maria Braig – Zur Entstehung der Anthologie 9

Ali Gharagozlou – Brief an einen Toten. 15

Marina Maggio – Flucht zweier Frauen 21

Anna Mwangi – Die Reise. 29

Nejad – Land der Zärtlichkeit. 35

Emmanuel Ndahayo
– Glauben in einer modernen Gesellschaft 39

Maria-Jolanda Boselli – erzählt von Gezim und Floransa Krasniqi „Auf der Höhe von Salzburg
fange ich wieder an zu atmen" 67

Maria-Jolanda Boselli – erzählt von Katarina
Verlier den Himmel nicht, Katarina!. 76

Kamber – Selvinaz Entscheidung. 85

Mariam Demir – Dieser eine Tag. 90

Elzana Gredic –Deutschland ist meine Heimat
und wird es immer bleiben. 98

Waheed Tajik – Waheeds Geschichte. 103

Sasha Naydenova Kartchev – Die Rose 106

Sasha Naydenova Kartchev – Flugangst 112

Sasha Naydenova Kartchev – Die Sitzbank 119

Eine Reise zur Liebe.................... 126
Ruth Boketta – Texte aus der Schreibwerkstatt 128
   Ich bin hier..................... 130
   Exodus 131
   Mein Land und ich 144
   Afghanistan 148
   Sarsamin e Man.................. 150
   Sri Lanka 152
   Angola......................... 153
   Simbabwe...................... 154
   Das Land 155
   Mein Land und ich 157
   Ankunft 163
   Ich heiße Abdullah und komme
   aus Tadschikistan 172
   Ich komme aus Guinea, das liegt
   in Westafrika 174
   Ich bin M., ich komme aus Guinea 176
   Die ersten Tage in diesem Land
   werde ich nie vergessen 179
   Deutschland und ich 185
   Deutschland..................... 192
   Deutschland und ich 195

Heimat	202
Wo haben fremde Menschen ihre Heimat?	205
Heimat	206
Familie	207
Meine Heimat	208
Heimat	210
Freunde	218
Aber für mich hat Zuhause eine andere Bedeutung	220
Zwei Heimaten	222
Das Leben	224
Mein Herz	226
Das Leben	227
Mein Leben	228
Meine Hand	229

» **Einsam fühle ich mich dann, wenn ich eine Hand suche und nur Fäuste finde.**«

Dieses Zitat von Ralph Bunche, Wegbegleiter Martin Luther Kings, drückt aus, was die STIFTUNG PRO ASYL nachhaltig verändern will. Sie soll die Arbeit von PRO ASYL und den Einsatz für Flüchtlinge auf lange Sicht stützen. Es geht um das unveräußerliche Recht verfolgter Menschen auf Asyl. Und es geht darum, ihre Chancen auf Teilhabe und ein neues menschenwürdiges Leben dauerhaft zu verbessern.

Möchten Sie die Arbeit der STIFTUNG PRO ASYL unterstützen?
Wir informieren Sie gerne: Telefon 069 24231413
E-Mail: stiftung@proasyl.de, www.stiftung-proasyl.de.

STIFTUNG PRO ASYL
Konto: 1013701012, BLZ: 35060190, KD-Bank eG Dortmund

stiftung pro asyl

Weitere Werke

aus der Ubuntu-Reihe

des Verlag 3.0

Nennen wir sie Eugenie

Eine Flüchtlingsgeschichte nach wahren Begebenheiten nacherzählt von Maria Braig

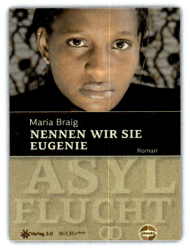

Die junge Eugenie, die kurz vor Beginn ihres Studiums steht, muss den Senegal verlassen, weil ihre Liebe zu einer anderen Frau ent-deckt wird. Eugenie flieht nach Deutschland, wo sie Schutz und Hilfe erhofft und um Asyl bittet. Das übliche Asylverfahren beginnt und sie muss alles über sich erge-hen lassen, ohne wirklich zu ver-stehen, was die Behörden in die-sem ihr so fremden Land mit ihr vorhaben.

Eugenie erlebt den Alltag in der Flüchtlingsunterkunft, einer herun-terge-kommenen ehemaligen Kaserne, bestimmt von Perspektivlosig-keit, Langeweile und der ständigen Angst vor der Abschiebung zurück in ihre Heimat, wo sie Gefängnis und die Morddrohungen ehemaliger Freunde erwarten. Eugenie trifft andere Geflüchtete, die alle ihre eige-nen Schicksale mitbringen. Und sie trifft Jeff, eine deutsche Aktivistin, die sie unterstützt und in der sie eine Freundin findet. Gemeinsam versuchen sie alles, um Eugenies Abschiebung zu verhindern.

Maria Braig

Nennen wir sie Eugenie

Roman

ISBN 978-3-95667-061-9

Amra und Amir
Abschiebung in eine unbekannte Heimat
Ein Roman von Maria Braig

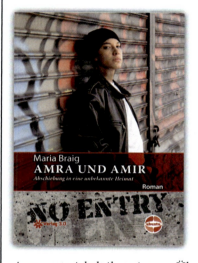

Als Tochter albanischer Eltern, die im Kosovokrieg nach Deutschland geflohen sind, wird Amra nach ih-rem 18. Geburtstag ins Herkunfts-land ihrer Eltern abgeschoben. Sie kennt weder das Land noch die Sprache und findet sich plötzlich ohne Geld, Wohnung und Arbeit in einer ihr völlig unbekannten Welt wieder.

Amra entwickelt ihre eigenen Überlebensstrategien und wird, um sich etwas sicherer zu fühlen, zu Amir, einem jungen Mann, der sich wie viele andere auch durch Müllsammeln über Wasser hält. Amras Freunde in Deutschland schmieden Pläne, um sie wieder zurückzu-holen, können ihr aber auch keine Perspektive für die Zukunft bieten. Und als wäre das nicht Problem genug, muss Amra sich nun mit der Frage nach ihrer sexuellen Identität auseinandersetzen – denn wie sich zeigt, ist Amir nicht nur eine Verkleidung, die nach Gebrauch wieder abgelegt werden kann.

Maria Braig

Amra und Amir –
Abschiebung in eine unbekannte Heimat

Roman

ISBN 978-3-95667-137-1

Ich bin ich
Mein transsexuelles Leben

Die wahre Lebensgeschichte einer transsexuellen Frau

Micha Ela erzählt mit sehr viel Humor und positiver Energie von ihrem ganz persönlichen Lebensweg vom Jungen Michael zu Michaela, einer, wie sie sich selbst bezeichnet, „ganz natürlichen Frau mit Sti-e-l": Der Junge Micha wächst in den 80er Jahren im Raum Osnabrück in einer Pflegefamilie und in Heimen auf, liebt seine Ballettstunden und erduldete die psychotherapeutischen Maßnahmen, ihm sein Schwulsein abzugewöhnen.

Endlich volljährig beginnt er eine Karriere als Tänzer im Bregenzer Theater; als er seine Transsexualität entdeckt, beginnt Micha eine Hormontherapie und wechselt ins Cabaret, bis medizinische Nebenwirkungen sie an den Rollstuhl fesseln. Mit dem ihr eigenen Mut und ihrer ganz besonders positiven Energie beginnt sie ihren neuen Lebensweg und stellt sich den nun ganz anderen Problemen des bürgerlichen Lebens: HIV, unglückliche Beziehungen, usw. sind für Michaela lediglich Herausforderungen, die sie mit Bravour meistert. Heute lebt Micha Ela in Hamburg und fährt bei schönem Wetter gerne Fahrrad. nicht nur sie und ihr Verhältnis zu ihrem Vater nachhaltig. Sie erkennt, wie wichtig es ist, an etwas zu glauben und eigenen Werten treu zu sein.

Micha Ela

Ich bin ich – Mein transsexuelles Leben

Autobiografische Erzählung

ISBN 978-3-95667-174-6

ALLE BÜCHER AUS DEM VERLAGSPROGRAMM
WERDEN VORGESTELLT AUF DER
VERLAGS-HOMEPAGE:

https://buch-ist-mehr.de